その悩み、哲学者がすでに答えを出しています

小林昌平
Shohei Kobayashi

文響社

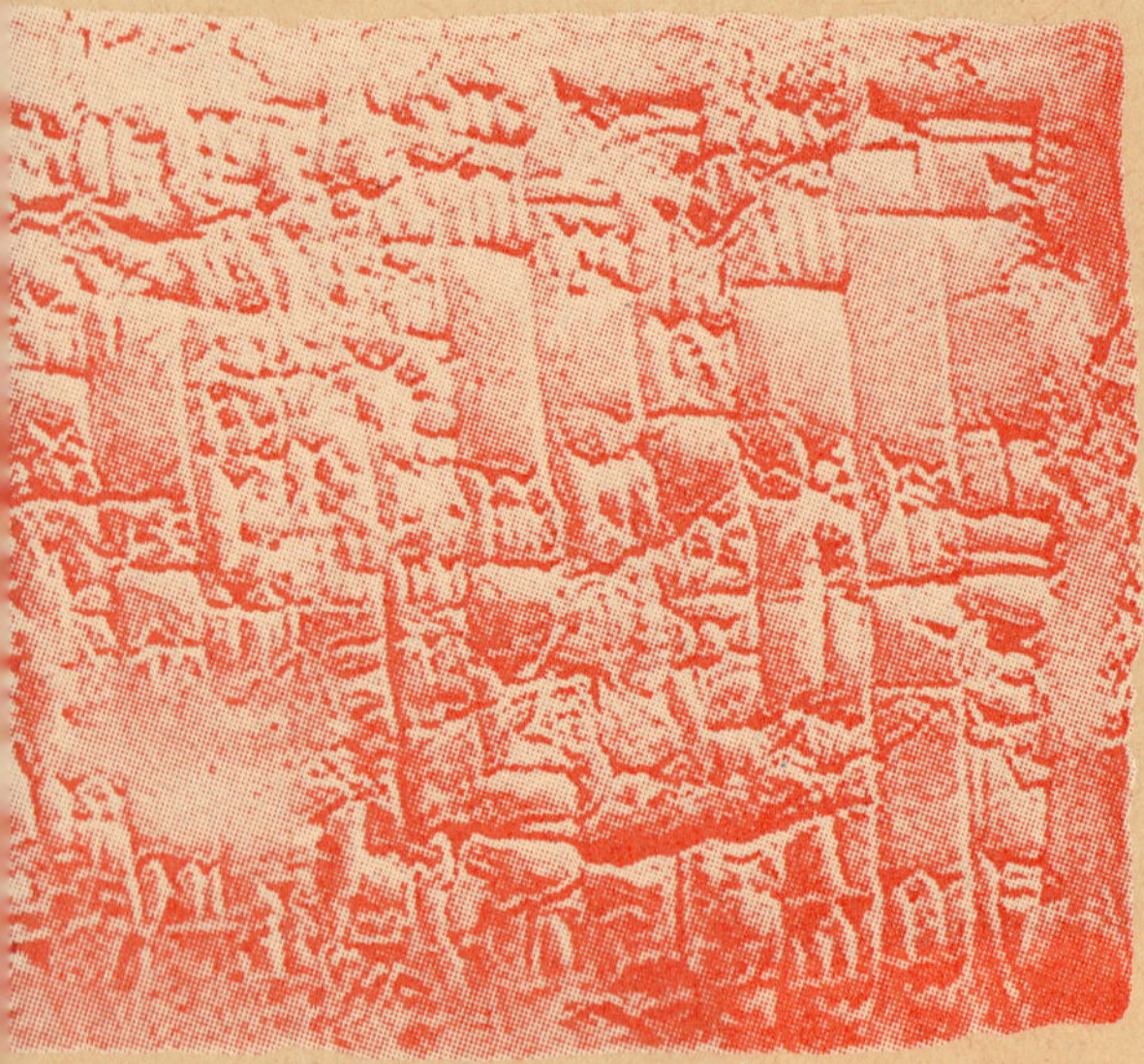

はじめに

この粘土版の文字は、ソクラテスや釈迦が現われる約1200年前、紀元前1750年頃の古バビロニア時代に、人類文明発祥の地とされるメソポタミアで書かれたものです。現在、ロンドンの大英博物館に展示されています。

ここには、いったい何が書か

れているのでしょうか。大昔の人が考えた神や宇宙についての真理や、考古学的な価値のある古代人の知恵なのでしょうか。

発見した歴史学者は、そうした高尚な内容を期待したかもしれません。それが、楔形《くさびがた》文字を１文字１文字解読してみると、こんな内容であることがわかりました。

「店に『いい銅の延べ棒を渡しますから』と約束されて金を払ったのに、ひどいのをつかまされた」

「『欲しいのでしたら差し上げますが、いらないのならお帰りください』だと?」

「ちきしょう店の野郎、おれを誰だと思ってるんだ?」

「ほかの客にもこんなナメたマネをするのか?」

今から3800年前の人類が我々に残した遺産は、あこぎな取引をされた客の、やり場のおさまらない怒りの発露《はつろ》だったのです。

メソポタミアともう一つの人類最古の文明、エジプトで3200年前に書かれた「パピルス」と呼ばれる今の紙の原型が、同じ大英博物館に収蔵されています。そこからは、ツタンカーメンの墓がある当時の首都テーベ（現在はルクソール）郊外で暮らした、ケンペルケプシェフという実在の人物が書き残したひとりの庶民の人生を、少年時代から追跡することができます。

パピルスによれば、ケンペルケプシェフという人は「勉強しないとダメな大人になるぞ」と父から言われて育ち、当時のエリート職である「書記」をめざしました。思春期を迎え、少女に恋をして、17通の愛の詩を贈ったことが刻まれています。彼はその後晴れて書記となり、《王家の谷》というところで「墓造り職人」の監督をする職に就きます。

ケンペルケプシェフの仕事は王墓《おうぼ》の建設のために部下を管理することでしたが、部下たちの「出勤簿」には、好き放題な欠勤理由が書かれていました。

「自分の誕生日のため2日休み」

「サソリに刺されたから休み」

「ミイラ作りがあるので休み」

「二日酔いのため休み」

上司は上司でこれまた口うるさい人だったようで、その付き合いかたを説いた言葉が記されています。

「上司の命令には逆らうな。部下であるかぎり上司の言うことは絶対だ」

『上司の言葉がためになることだってある』

部下である自分に言い聞かせるしかない苦しみが伝わってきます。真面目にやらない部下と、口うるさい上司。ケンペルケプシェフはその板ばさみからストレスで不眠に悩まされます。眠れぬ時のおまじないである「悪夢よ、退散せよ!」と書いたパピルスを彼はお守りに入れているほどでした。

ケンペルケプシェフは仕事では上司や部下に悩まされながらも、恋をしたり食事を楽しんだりと人生を謳歌《おうか》しながら、43年にわたって書記の職を全うし、60代後半でこの世を去っています。

仕事。健康。家庭。お金。

紀元前に生きた人も、現代人の私たちと同じようなことを望み、同じようなことで悩んでいたことが見えてきます。人間は、いつの時代も同じ悩みのまわりを回りつづけているのです。

3000年も前から人類が今と同じような悩みを抱えていたということは、同じだけの長い年月をかけて、数多くの賢人がこれらを克服しようと考えてきたということでもあります。
その中でも真剣に悩みと格闘し、もがき苦しんで答えを出そうとしてきたのが、ケンペルケプシェフの生きた約６００年後からこの世に現われた、哲学者や思想家と呼ばれる、思考そのものを生業《なりわい》とする人たちでした。

紀元前５２８年、釈迦はこの世が生老病死の苦しみの世界であることに悩み、王子という恵まれた家庭環境を捨てて出家、やがて菩提樹《ぼだいじゅ》の下で悟りを開きます。弟子の女性が幼い息子の死に半狂乱するのを見て、「愛する家族を生きるあてにしてはならない。頼れるのは法（この世の真実）と自分だけである」といって彼女を叱咤激励します。

紀元前３９９年、古代ギリシャのプラトンは師ソクラテスの突然の死に遭遇し、死ぬ瞬間に師が残した、「真実の幸福を得るためには、肉体を切り離し、魂それ自身となり真実を追究すること」、すなわち「哲学とは生きながら『死ぬことを練習すること』である」という言葉から、自身の哲学を出発させます。
人生をかけて哲学者が導き出した考えにふれることで、私たちの日常の悩みを解決する糸口をみつける。哲学者がその答えに至ったプロセスをたどりながら、哲学に興味をもち、ふだんの思考の枠をひろげてみる。

それが本書の試みです。

次のページの目次には、25の私たち現代人の悩みが並んでいます。自分はどの悩みとも無縁である、と言い切れる人がはたしているでしょうか。

もし今、幸いにして悩みがなかったとしても、人生の中では必ずや悩みに遭遇することでしょう。若ければ若いなりの煩悩があります。社会に出ればたくさんの苦悩が生じ、人はやがて老い、病気になり、そのことが小さからぬ苦しみの影を落とします。

人生のどのステージでも、私たちは悩みからのがれることはできません。

そうであるならば。

誰もが抱える悩みに答える叡智《えいち》を求めて、哲学者たちが格闘した思索の跡をたどっておくことに、意味がないはずがありません。

これからあなたが出会う悩みと向き合い、乗りこえてゆくにあたって、ここで学んだ哲学は必ずや生きてくるものです。

私たちの身近な悩みを通じて、本書が「哲学」――人間を生涯にわたって支える深遠な思索の世界――の入り口になることができたなら、これにまさる喜びはありません。

目次

はじめに　3

仕事

Work

将来、食べていけるか不安　アリストテレス　18
忙しい。時間がない　アンリ・ベルクソン　26
お金持ちになりたい　マックス・ウェーバー　34
やりたいことはあるが、行動に移す勇気がない　ルネ・デカルト　44

自意識・劣等感

Self-consciousness/Inferiority complex

会社を辞めたいが辞められない　ジル・ドゥルーズ　54

緊張してしまう　ゴータマ・シッダールタ（ブッダ）　64

自分の顔が醜い　ジャン＝ポール・サルトル　74

思い出したくない過去をフラッシュバックする　フリードリヒ・ニーチェ　84

自分を他人と比べて落ちこんでしまう　ミハイ・チクセントミハイ　92

他人から認められたい。チヤホヤされたい　ジャック・ラカン　102

人間関係

HUMAN RELATIONS

ダイエットが続かない　ジョン・スチュアート・ミル　112
常に漠然とした不安に襲われている　トマス・ホッブズ　120
人の目が気になる　ミシェル・フーコー　128
友人から下に見られている　アルフレッド・アドラー　138
嫌いな上司がいる。上司とうまくいっていない　バールーフ・デ・スピノザ　146
家族が憎い　ハンナ・アーレント　156

恋愛・結婚

Love/Marriage

恋人や妻（夫）とけんかが絶えない　ゲオルク・W・F・ヘーゲル　170

不倫がやめられない　イマヌエル・カント　180

【別解】親鸞　188

大切な人を失った　ジークムント・フロイト　196

人生

Life

やりたいことがない。毎日が楽しくない　道元　208
人生の選択に迫られている　ダニエル・カーネマン　216
夜、孤独を感じる　アルトゥル・ショーペンハウアー　228

死・病気

DEATH/DISEASE

死ぬのが怖い　ソクラテス　240
人生がつらい　マルティン・ハイデガー　250
重い病気にかかっている　ルートヴィヒ・ウィトゲンシュタイン　260

おわりに 270
参考文献 274

その悩み、哲学者がすでに答えを出しています

仕事

Work

ぼくが仕事を辞められずにいるうちは、
本当の自分というものがまったく失われている。（それがぼくにはいやというほどよくわかる。）

フランツ・カフカ（小説家）

悩み

将来、食べていけるか不安

アリストテレス
が答えを出しています。

アリストテレス　紀元前384－紀元前322
古代ギリシャを代表する哲学者。師プラトンの理想主義に対し、物事の具体的な観察から現実主義の哲学を展開。広範な業績で「万学の祖」とされる。イブン＝シーナー（※1）らイスラム圏での研究が中世ヨーロッパに逆輸入され、デカルト登場まで「知の絶対王者」だった。

私、このまま仕事を続けていって大丈夫だろうか。

会社にしがみついていたら、あっという間にこの歳になってしまった。ここ数年給料は増えてないし、いつまでこの会社が続くのかもわからない。

先々のこと、もっと考えないといけないんじゃないだろうか。将来にそなえて、何かをはじめておいた方がいいじゃないんだろうか。

こんなふうに不安を抱きながら、日々会社に勤めている方は多いのではないでしょうか。

将来への不安から、今から計画的に行動しようと考えている人もいるかもしれません。

老後の費用はいくら必要、だから定年までにこのくらい貯金しておかなければ。だったら50歳までに○○万円必要で、40歳までには××万円貯める。このように計画を立てることは、堅実で、賢明なことのように思えます。

しかし将来を案じ、その計画を細かく詰めたところで、心配は本当に解消するでしょうか。

将来何が起こるかは誰にもわかりません。いつ会社の業績が落ちるかも、あらぬミスで運悪く解雇されるかもわかりません。職場の居心地が悪くなって会社を辞めざるをえなくなるかもしれないし、突然大病をして、数年間収入がなくなってしまうことだってないとはいえません。

想定外の力が、机上の計画を台無しにしてしまうことがあるのです。将来の心配を解消するにあたって、綿密に立てた計画が絶対であるという保証はどこにもありません。

ではどうすれば、「将来食べていけるだろうか」という心配を払拭《ふっしょく》することができるのでしょうか。

それには**「将来の目的や計画をいったん忘れ、今この瞬間のやりたいこと、やるべきことに熱中せよ」**というのがアリストテレスです。

アリストテレスは「将来の目的を最優先にした行為」を「キーネーシス（運動）的な行為」と呼び、一方で「将来の目的を度外視し、今この瞬間に集中する行為」を**「エネルゲイア（現実活動態）的な行為」**と呼んで、次のように言っています。

「快楽は本来、『活動《エネルゲイア》』にほかならず、それ自身目的《テロス》なのである」（『ニコマコス倫理学』）

これは一体、どういうことなのでしょうか。

アリストテレスの言う「キーネーシス的な行為」は、「目的が今の自分の〈外〉にある行為」と言いかえることができます。たとえば、今の自分の楽しみを犠牲にして、将来の自分のために備蓄《びちく》をするような行為。

この「キーネーシス的な行為」こそ、計画的で、将来への不安をへらすものではないのだろうか？　その反対に「エネルゲイア的な行為」は、刹那《せつな》の快楽にまかせて、その瞬間その瞬間に生きるために、将来に不安を積みのこすものではないのか？　そう感じた方もいるでしょう。

　しかし、**実際はその逆**なのです〔※2〕。

「エネルゲイア的な行為」とは「今、自分にとって楽しく充実しているという状態」がそのまま「すでになしとげた成果」になることだ、とアリストテレスは言います。

　たとえば、大事なプレゼンを控えて、最初こそ恐れをなしていたけど、無心で準備にとりくむうちにおもしろくなってきて、夢中で資料を完成させたら、プレゼン後に絶賛を受けてしまったとか。

　あるいは、好きな異性に対して、ただ相手を楽しませたいと思って自分もデートを満喫していたら、いつのまにかいい雰囲気になっていた。そういった経験はないでしょうか。

　これこそが「エネルゲイア的な行為」のふしぎです。目的を度外視してプロセスにのめりこむことが、（それとは逆の）「目的達成を優先する思考」が追い求める「よい結果」を、あくまでも結果的に、みちびいてしまう経験なのです。

「キーネーシス的な行為」のように、最初からいい結果を狙う、目的から逆算して今やるべきことをやるのは、一見賢いようで、実は「今この瞬間」に没頭していないだけ、「今この瞬間」に没頭している人よりもパフォーマンスが落ちるのは、よく見られることです。

　たとえば2014年の全米オープン決勝で敗退した錦織圭選手。「準決勝まではテニスを楽しんでいたけれど、決勝では勝たなきゃと思ったら力んでしまった」というコメントは示唆的です。

結果はどうあれ、**無欲にプロセスの作業を楽しむ。手抜きをせずに、一生懸命楽しみきる**という人にこそ、高い——時には最高の——パフォーマンスが生まれ、自然と結果がついてくるのです。いい結果とはプロセスを楽しんだおつりのようなものです。


とはいえ、打算的でない、1ミリたりとも結果を考えない、なんていう人はいないでしょう。いい結果を期待する考えや、「あわよくば成功したらいいな」という欲は人間にはつきものですから、頭のどこかに置いておいてよいのです。だけど一方で、その下心をどこかに置き忘れ、今・ここのプロセスを楽しみつくしてみる。

目的重視の「キーネーシス的思考」とプロセス重視の「エネルゲイア的思考」。両者をバランスよく発揮させることが現実的には最もいい活動のしかた、ということになります。


自分が向いていると心から感じられる作業に全力で打ちこみ、充実した手ごたえを感じながら毎日を生きている人を、世界が放っておくことはないでしょう。そういう人がおのずと放つ魅力を目にとめる人があらわれ、次なるオファーをくれるものです。

それはもちろん、保証されていることではありません。が、「今の自分自身が目的である」ようなエネルゲイアな生きかたこそ、偶然にさらされ、明日をも分からない人間が今を生きるうえで最も正しい「賭け」なのです〔※3〕。

長い目で見れば、1日1日、「今この瞬間」に熱中し没頭している人は、一見無軌道でいて、あくる日にもきっと、その輝きを目にした誰かからの縁に恵まれるに違いありません。エネルゲイア的に日々をつないでいけば、将来食べていけるかという心配は、自然と解消されていくと考えられます。

やるだけやったら、次があるのです。

〔1〕医学者にして哲学者であるイブン＝シーナーは、イスラーム文明を代表する知識人です。中世期、本場ヨーロッパでキリスト教が席《せっ》巻《けん》し、影響が薄れていたアリストテレスの哲学は、高い文化レベルを誇るイスラム圏＝アラビア語圏においてイブン＝シーナーらにより熱心に研究されていました。その成果は11世紀の十字軍の遠征が媒介となって1000年ぶりにヨーロッパに逆輸入され、12世紀のルネッサンスの母胎となったのです（伊東俊太郎『十二世紀ルネサンス』参照）。

〔2〕古代ギリシャの哲学者エピクロス（P.126参照）は「明日を最も必要としない者が、最も快く明日に立ち向かう」といっています。

〔3〕歌舞伎役者で人間国宝の坂東玉三郎さんは、世襲ではない家の出でありながら、当代一の女形《おんながた》として50年もの間、第一線で活躍しています。ストイックな芸への打ちこみぶりはよく知られるところです。舞台が終るとまっすぐ帰宅して、トレーナーに体をほぐしてもらい明日に臨む。劇場と自宅の往復の日々で、玉三郎さんが貫いてきた流儀。それは「遠くを見ない。明日だけを見る」ことだそうです。「1日1日をやっていって、振り返ったら50年だったわけで。明日のことを大事にして、できるかぎりのことをしていけば、つながるかもしれないし、それしかやりようがないんじゃないでしょうか」と（NHK『プロフェッショナル仕事の流儀』より）。

アリストテレスが出した

答え

快楽は本来、「活動（エネルゲイア）」にほかならず、それ自身目的（テロス）なのである

アリストテレス
推薦図書

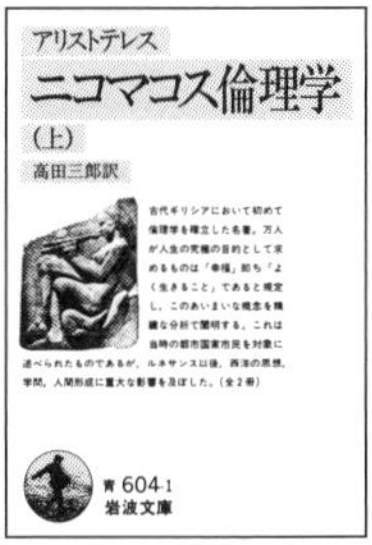

『**ニコマコス倫理学**』岩波文庫
人類最初の倫理学の到達点。「幸福（エウダイモニア）とは人間の機能を発揮する活動（エネルゲイア）である」「中庸（メソテース）に生きよ」。人生に迷った時、いつもそこに戻りたくなるような「よく生きるためのコンセプト」の宝庫。息子ニコマコスが編集。

悩み

忙しい。時間がない

アンリ・ベルクソン
が答えを出しています。

H. Bergson

アンリ・ベルクソン　1859-1941

フランスの哲学者。当時最新の自然科学をベースに、神秘主義の影響も取り入れながら「流動する生命の流れ」を語る。主著『物質と記憶』はドゥルーズの映画理論に影響を与えた書物だが、加齢による記憶力の変化についても肯定的に語られる。ノーベル文学賞受賞。

時間がない。からだがいくつあってもたりない。わたしの人生の時間は、こんなふうに飛ぶように過ぎていってしまうのだろうか。

このまま年老いて、いつか死んでいくのだろうか。

忙しすぎる毎日からふとわれにかえり、あっという間に過ぎてしまう人生にむなしさを覚えたら、フランスの哲学者ベルクソンの時間論にふれておくのがいいでしょう。

ベルクソンという哲学者はごくシンプルなことを説いているのですが、しばしば難解に思われがちです。それは現代人にとって**ごく日常的になっている時間感覚の盲点**を突いているからでしょう。

ふだん使っている手帳やスケジュール管理ソフトを思い出してみてください。1日をタテに表示して時間で区切るタイプは特にそうですが、現代人は時間を紙の上の区切られた罫線《けいせん》の間隔にたとえて、「空間」的に管理しています。「ここからここまでの時間は空いている」、「来週の火曜の夕方はすでに埋まってしまったけれど、木曜の午前なら空いている」というふうに、空き時間を合理的に埋めていきます。

時間という目に見えないものを、目に見える空間的なたとえを用いて管理することで、私たちは自分に与えられた時間をムダなく有効に使おうと考えます。

しかし**「そもそも、時間ってそういうものだったんだろうか?」**という、私たちの日常への根本的な疑問こそ、ベルクソンが『時間と自由』を書いた動機でした。

ベルクソンがこの本で批判を投げかけるのは、**現代人が時間を空間的にとらえている、**まさにそのことです。

「誰にとっても一律で、客観的な空間」として時間を認識することで、とりこぼしているものがあるのではないだろうか? と。

たとえば、楽しい時間は濃く短く、あっという間にすぎていきます。一方で、やりたくない仕事の時間はひたすら長く、平板なものに感じられる。

現代人は「誰にとっても一律に流れる客観的な時間」を、疑いもしない常識として生きていますが、本当にそういうものなのだろうか? 本当にそれで生きていることを実感できるのだろうか? という問いをベルクソンは投げかけるのです。

自分が生きていることを実感するとき。

自然の豊かな場所に出かけて、夜、都会生活では思いもよらない満天の星を眺めながら、生きていることに思いをめぐらせるとき。そのとき、人生のはじまりから終わりまでが一気に見晴らせるような、壮大な考えが駆《か》けめぐることがあったりしないでしょうか。
いいアイデアをひらめくとき。ずっと解けなかった問題や滞《とどこお》っていた仕事が、点と点がつながったようにするすると解決し、しかもその問題をめぐる展望が、いっきょに目の前にひらけるようなことがあったりはしないでしょうか〔※1〕。

そういうとき、**時間は自分だけのひろがりをもち、自分ひとりの中で、過去も未来もつながって、4次元のようなものになる。**そのように、通常の時間感覚を忘れるような主観的で濃密な時間こそ、時間を生きる私たちにとっての「自由」ということなのではないだろうか。このような経験を、ベルクソンは手帳の余白をスキなく埋めていくような合理的・空間的な時間と対比させて、**「純粋な持続」**と呼びました〔※2〕。

本来、自分ひとりの時間を濃密に生きることで自由であるべき人間が、他人との約束や世の中の慣習に流され、スケジュールを入れまくることで自分は充実していると勘違いし、そのことを反省することもなく生きている。
「常識的な時間の概念にとらわれて、私たちは本来のあるべき時間＝自由をいともかんたんに捨ててしまっている」と、ベルクソンは現代人の時間の使いかたを鋭く批判しています。

細分化された自我は、一般に社会生活の〔…〕諸要求にはるかによく適合するので、意識はその方を好み、少しずつ根底的自我を見失っていくのである。（『時間と自由』第2章）

「忙しくて自分を見失っている」〔※3〕というのなら、何もしない、手帳に何も書かない1日をつくってみることです（それができないなら、手帳にスケジュールをぎっしり入れるクセをやめてみること）。

その1日は何の目的ももたず、ただ好きなことをして過ごす。読みたい本や映画を渉猟《しょうりょう》する。未知の面白いものを求めて自由に散策する。

そのことで斬新なアイデアが浮かぶことがあります。リフレッシュすることで、ただ一生懸命やるのとは違う、俯瞰《ふかん》した眼で自分の仕事を見なおすことができます。人が歩いていない道を歩いてゆこうと、**他人とは違うオリジナルな生きかたのイメージが思い浮かぶ**こともあるでしょう。

本当に自由な時間とはごく主観的な時間のことであり、他人から言われた予定をむやみに詰めこむよりも、あとでふりかえるとずっと生産的で、充実した時間だったりすることがあるのです。

〔1〕ベルクソンは現代人にありがちな「空間的にバラバラにされた思考」と、彼がよいと認める「純粋持続」の対比から、「直観から分析への道は開けているが、分析から直観へ達する方法は一つもない」（小林秀雄のベルクソン論『感想』より）という考えを導き出しています。これは、よくいわれる「分析からは何も生まれない」という考えかたにもつながり、ひらめきを重視するクリエイターに勇気を与え、評論や分析を仕事とする批評家をある意味挑発する言葉ですが、このジレンマを乗りこえた怪物が、現代を代表するオランダ出身の建築家レム・コールハースです。彼はベルクソンのむこうを張って、「分析とは創造である」という考えを打ち出します。実際にコールハースは、お題を与えられた土地の立地条件や経済状況を徹底的にリサーチし、そこから立ちあがる建築を理詰めで構想するやりかたで、多数の刺激的な傑作建築を生み出し続けています。岡本太郎がいうように、「本当の作家は、必ずまた批評家である」のです。

〔2〕前者は「ニュートン時間」といわれ、後者は「ベルクソン時間」といわれます。ベルクソンはニュートン以来の物理学的で機械論的な近代科学が席巻《せっけん》した当時、人間の流動的な生命の流れが失われる危機から前者の時間観を批判しました。20世紀最高の長篇小説、プルーストの『失われた時を求めて』は、眠っていた過去の記憶は、ふとしたきっかけで今・ここのことのように甦《よみがえ》るのだから、人間の時間には過去も未来もないのだという時間論をテーマとしています。この小説内のエピソードとして有名な「マドレーヌ体験」は、ベルクソンの「純粋な持続」を文学へと昇華したものといえるでしょう。「純粋な持続」のうち、もっとも緊張度の高い時間は「生の躍動（エラン・ヴィタール）」といわれるものです。P.47で紹介するデカルトの冬の暖炉での一夜や、P.97で紹介するチクセントミハイの説く「フロー体験」も「生の躍動」の例といえます。

〔3〕忙しいとき力になるのは「ヒューリスティクス」（P.51〔1〕、P.226〔5〕）の発想です。同じ結果に到達するのに、どうすれば最短の手間でたどり着けるか。数学が得意な人が問題を解くときがそうです。どうすればもっともうまく手抜きできるかを考えること。同じように、仕事で発言するときも資料をつくるときも、「問題をどの切り口で切れば、もっとも少ない情報量で、かつもっとも相手をハッとさせられるか」を意識すべきです。そのことで相手に気づきを与えられ、それでいて作業が煩雑《はんざつ》にならずに済むのです。

ベルクソンが出した答え

私たちの行為が
私たちの人格全体から出てくるとき、
私たちは自由である

アンリ・ベルクソン
推薦図書

『時間と自由』岩波文庫

「自分自身である」という当たり前のことがどれだけ難しいか。時間を空間的にとらえる科学的思考が自分本来のありかたを奪うこと、意識の内的な持続（純粋持続）の中に自由をとりもどすことを説く。ドゥルーズや多くの芸術家に影響を与えたベルクソンの博士論文。

悩み
お金持ちになりたい

マックス・ウェーバーが答えを出しています。

マックス・ウェーバー　1864-1920

『自殺論』のデュルケームと並ぶ近代社会学の祖。精神病と戦いながら仕事に打ちこむ。マルクスの歴史観（唯物論）に対抗し、あらゆる宗教から人間を分析する「比較宗教社会学」を構想。「脱呪術化」「官僚制化」「非人間化」など現代社会を予見する鍵を数多く残した。

誰だってできることなら、お金持ちになりたいです。

「お金では買えないものがある」ともいわれますが、多くの人にとってお金は、どれだけ持っていたって悪いことはありません。子どもの教育から最新の医学まで、旅の快適さから老後破産の不安まで、悲しいかな、人生の至るところでお金がカギを握っています。

お金を否定する人が、お金がもたらす富にふれたとたん、その威力の前に人生観が変わってしまうこともよくあること。

お金にはそれだけ、悪魔のような魅力があります。


ではお金をたくさん持つには、どうすればいいのでしょうか。

人生の目的をお金というただ一点に定め、すべての時間をお金稼ぎに注ぎこみ、それ以外には目もくれない。それぐらい徹底して「金の亡者《もうじゃ》」になれば、富があなたのもとへ集まるようになるのでしょうか？


「それはどうも違う」というのが、社会学の祖マックス・ウェーバーです。お金持ちになるのは、金銭欲の強い、お金に執着する人であるとはかぎらない。むしろ**「お金という富への執着を捨て、ストイックに働いた人が結果としてお金持ちになった」**とウェーバーはいうのです。

お金を否定する考えかたが染《し》みついた人ほど、禁欲的にがんばって、富を築けるようになった？

これはいったい、どういうことでしょうか。

ウェーバーはまず、キリスト教におけるカトリックとプロテスタントの人々の経済格差に注目しました。資本の所有や仕事の質といった点で、**プロテスタンティズムの人々の方がカトリックの信徒よりも裕福である**というデータに着眼したのです。

プロテスタンティズムの中でも特にウェーバーが研究したのが「カルヴィニズム」という、16世紀、フランス出身の神学者カルヴァンが宗教改革でスタートさせたプロテスタントの一派です。それまでのキリスト教、つまりカトリックは、死後に救われるかどうかという不安は「免罪符（贖宥《しょくゆう》状《じょう》）」という、教会が営利目的で販売する紙きれを買ってしまえば、それで解決済みでした［※1］。しゃにむに働くモチベーションは見当たらず（そもそもキリスト教は貪欲《どんよく》なお金儲けを禁じていたのです）、人々は最低限生活に必要なお金を稼いだらそれで休んだり、飲みに行ったりするてい・た・ら・くでした。

カルヴァンは、免罪符を買い秘蹟《ひせき》を行えば救済されるとする、腐敗堕落したキリスト教を原点にたちかえらせようと［※2］、聖書を丹念に読みこんで神の「圧倒的な偉大さ」を見出します。そこで抽出したエッセンスが、この信仰の中心となっている**「予定説」**です。それは「神さまに救済される人間は最初からすでに決められている」という考えかた。この考えかたはのちのピューリタン革命やアメリカ独立革命など、世界史上の民主主義革命を動かす、人類史上強力な力をもつ思想となりました〔※3〕。

「予定説」では、善人がよいおこないを積めば天国に行けるともかぎらない。悪い人が悪いおこないをし続けたって地獄に行くともかぎりません。**神は最初から、救うべき人間を、独断で、一方的に決めている**と考えます。神の決めることはとうてい人智の及ばないことであると、「予定説」は神の「絶対的な偉さ」を担保したのです。

「予定説」では、だれが神に救われる人なのか、自分もまた救われる対象なのか、それがわからないようになっています。わからないと、どうなるでしょうか。不安と緊張が生まれます。「予定説」は神の偉大さを担保すると同時に、人々の不安を駆《か》りたてるエンジンとしてうまくできていました。

救われるか救われないか、「宙吊り」にされているからこそ、カルヴィニズムの人々は必死になったのです。「私は救われる人間である」という確信を自ら生み出すために、「与えられたすべてのエネルギーを注《つ》ぎこんで、神から与えられたやるべき行いに専念しよう！　それが神に救われる資格をもつ人間ができるすべてのことなのだ！」と、欲望を律し贅沢を排し、少しでも気を抜いたり、暇があったりすると不安に駆られて、**神に定められた「天職」**（Beruf《ベルーフ》：神から与えられた使命）にせっせと勤《いそ》しむようになりました。

この生活態度（エートスといいます）のことをウェーバーは「世俗内禁欲」（もしくは「行動的禁欲」）と名づけました。この場合の「禁欲」とは、いっさいの欲望を禁じるというより、ひたむきにひとつのことに専念するというニュアンスです。それはけっして最初から利益（お金）を追求する思想ではありません。むしろ自分だけいい思いをするエゴイスティックな発想を、キリスト教はそもそも否定しています。

そうではなく、自分に向いている仕事（天職）でたゆまぬ努力をし、**人々全体の生活のためになった結果としてお金が儲かり、富裕になる**ことは、天職を与えたもうた神の栄光を証明することになるからよしとされたのです。

神によろこばれる生活を営むための手段はただ一つ、各人の生活上の地位から生じる世俗内的義務の遂行であって、これこそが神から与えられた「召命」《Beruf》にほかならぬ、と考えるというものだった。（『プロテスタンティズムの倫理と資本主義の精神』第1章より一部改変）

さらに、自分が救われる人間であるという確信を強くするには、労働の対価である利益がどれだけ多いか、その「量」も重要になります。

そのためにはできるだけ長く、一心不乱に仕事に打ちこむこと。つまり、時間の管理が重要になります。「時は金なり」という言葉のとおり、人々は片時も休まず、定刻で働き、納期は死守するというように、自分を厳しく律することになりました〔※4〕。

「働くことが救済になる」と信じているプロテスタントの人々は、まとまったお金を蓄《たくわ》えてもなお、むやみに消費しないどころか、気を抜くことなくその利益を最大化しようとします。蓄積した資本を再投資へと回し、次なる再生産のために「経営」するようになる。勤勉、倹約、投資。「予定説」という物語（救済）への、徹底して合理的な追求によって、カルヴィニストの間ではお金が雪だるま式に蓄積されていったのです。

利息を求めることを禁じたキリスト教本来のすがたにたちかえろうとしたカルヴィニズムが、**「天職」という、禁欲的に労働へと駆《か》りたてるモチベーション・エンジンの発明によって資本主義を生む原動力となった**逆説は、このように説明することができます。

ウェーバーの分析をふまえ、カルヴァン主義者でもカトリックでもなく、一神教的な宗教が発達しているともいえないこの国の私たちがお金持ちになるには、どうしたらいいのでしょうか。

私たち人間を突き動かすエンジンがあるとしたら、それはお金そのものではないというのがポイントです。勤勉になれる動機を、お金以外のところに見つけ出したのがウェーバーの発見でした。だとすればそのエンジンは「予定説」のような「大きな物語」のかわりに、ひとりひとりの中にある、それまでの人生からみちびかれる「個人的な物語」になるのではないでしょうか。

それは幼少期より克服しがたい「他人への劣等感」(P.80)なのか。かつて自分を軽んじた他者への「リベンジ精神」なのか。「生きている実感がもてない」とか、「自分が何者にもなれないのでは」といった「漠然とした不安」なのか。他人がいやがる面倒な作業を、苦にならないどころか好きでたまらないといった「ムダな情熱」か、はたまた「病的な適性」か。

その「物語」は人それぞれでしょうが、働くことへの異常な情熱となる、あなたにとってのつきせぬエネルギー源、否応《いやおう》なく仕事へとかりたてる**自分版の「予定説」**がどこにあるか、胸のうちを探るところからはじめてみるのがよいのではないでしょうか。

〔1〕カルヴィニズムの労働者たちは、神にすがって免罪符を買っていればよかったそれまでのキリスト教のありかたを脱します。彼らはいったんは神に突き放されることで孤独になり、各人で救済の道を考えざるをえなくなりました。しかしそのことが、自力で神に再び祝福される道を考えださせ、天職の労働へと向かわせたのです。これをウェーバーは「脱呪術化」といい、近代のはじまりであると考えました。

〔2〕当時のキリスト教を批判した本を出版したスペインの医学者ミシェル・セルヴェは、ジュネーヴで権力を握り、市民の生活を厳しく監視していたカルヴァンに異端とみなされ、火あぶりの刑を宣告されます（彼はカトリックからも異端視されたのでまさに二重苦です）。焼かれる炎が弱いために悶絶《もんぜつ》するセルヴェを民衆が気の毒に思って草を放りこみ、火を強めてあげたという逸話が残っています。カルヴァ

ンは極悪非道というより、聖書の曲解《きょっかい》を許さぬ「氷のような情熱」を持っていたのでした。彼の過激な粛正活動によりジュネーヴはプロテスタンティズムの牙城となり、イギリス・フランス・オランダをはじめヨーロッパ各国へと波及して、その思想的影響力を広げていくのです（渡辺一夫『フランス・ルネサンスの人々』より）。

〔3〕全世界でベストセラーとなったヘブライ大学歴史学部教授ユヴァル・ノア・ハラリによる『サピエンス全史』。そのポイントはネアンデルタール人とホモ・サピエンス（人類）を分けたものは「ここにないもの」、つまり「虚構《フィクション》」を信じる力、そのことで集団として団結する力だったといいます。フィクションは「予定説」のような「神様」から「お金」、「会社」までさまざまあります。ハラリは政治と技術が乖離《かいり》し、行きづまっている現代、みんなが信じられる「資本主義にかわる新しいフィクション」が求められていると予言しています。それは人工知能でもなければデータサイエンスでもなく、まさに哲学に課せられた仕事です。

〔4〕現代フランスの経済学者ピケティは、資産運用から得られる利益率（return：r）が労働所得の伸び率（growth：g）を上回っているのが現代であるとしています（『21世紀の資本』）。つまり「r＞g」である限り、資本主義は持続不可能な経済格差を生み出し続けるのだと。働くことや努力がすべてという考えかたもあるでしょう。しかしバルザックの『ゴリオ爺《じい》さん』が野心に燃える大学生に、「頑張って働く労働所得より、資産所得による方が一生裕福に暮らせる」と諭《さと》すように、理論的には「お金持ちになるには玉の輿《こし》に乗るのが手っとり早い」ということもあるのかもしれません。

ウェーバーが出した

答え

できるかぎり多くの利益を得て
できるかぎり節約する者は、
神の恩寵《おんちょう》を増し加えられる

マックス・ウェーバー
推薦図書

『プロテスタンティズムの倫理と資本主義の精神』
岩波文庫

資本主義が発展した要因は――それ以外の要因の方が大きいとの反論もあるが――資本主義とは一見相反する宗教思想だったという明快な逆説が論証される。ウェーバーや『プロ倫』の解説書が数多く出ている中、小室直樹『日本人のための憲法原論』は一読の価値あり。

悩み

やりたいことはあるが、行動に移す勇気がない

ルネ・デカルト
が答えを出しています。

ルネ・デカルト　1596-1650

フランスの哲学者・数学者。膨大な読書と世界の放浪の後、ものごとを疑う理性によって真理の探求を決意した「近代哲学の父」。その思想はスピノザやライプニッツに受け継がれ、ヨーロッパ哲学の潮流を「イギリス経験論」と二分する「大陸合理論」の源流となった。

社内で新しいプロジェクトのメンバーを募集しているが、腰が引けて手をあげられない。今の職場とちがう業界に飛びこんでみたいが、勇気が出ない。日本を飛び出して海外で活躍してみたいが、何をしていいかがわからない。

夢や目標を漠然と持っていても、行動に移せないまま、時間ばかりがすぎていく。

もやもやとした焦りをかかえたとき、近代哲学を開いたデカルトの歩みが参考になるでしょう。デカルトというと、有名な**「我思う、ゆえに我あり」**のイメージばかりひとり歩きしている感があります。しかし注目してほしいのは、この言葉はデカルトが、**この世のすべてについて疑って、疑いぬいたあげく、最後の最後で出てきたものである**ということ。デカルトにとってこの言葉は終着点ではなく、むしろ出発点であって、これを礎《いしずえ》として、彼はその上に壮大な学問を築いてやろうと構想していたのでした。

デカルトは合理主義者ではありましたが、哲学者のイメージにありがちな、本ばかり読んでいる頭でっかちではありませんでした。当時あった学問をすべて制覇した後で（入手できるすべての本を読んだといいます）、それらすべてを疑い、いっさいを白紙にして、これ以上土台としてゆるぎようのない、自分が本当に本当だと思えるところから出発して、学問のすべてを一から建て直そうと考えたのです。その方が、かっちりとした堅牢《けんろう》な建物を建てられるだろうと、広大な学問の世界に対して徒手《としゅ》空拳《くうけん》で挑む、鼻っ柱の強い漢《おとこ》でした。

書物だけでは本当の勉強というものはできない。世界をフィールドワークしつつ、実体験で学べることを学ぼうと、デカルトはそれまで読んできた書物をすべて捨てて、いわば「世界」という書物を読むための旅に出ます。

数年を費やして、「世界」という書物のなかで研究し、いくらかの経験を得ようと努めた後、ある日、わたし自身のうちでも研究し、とるべき道を選ぶために自分の精神の全力を傾けようと決心した。このことは、自分の国、自分の書物から一度も離れなかった場合にくらべて、はるかにうまく果たせたと思われる。（『方法序説』）

デカルトは長い旅の途中、ドイツの野営地（ドナウ河畔のノイブルクという街だと考えられています）で、暖炉のある部屋にひきこもります。炉部屋《ろべや》の中で、思うぞんぶん考えごとにふけりながら、**「よし、たった一人の力ですべての学問を再構築しよう」**と決意するのです。そのときに考えだした「もろもろの学問分野で、正しく理詰めで真理を探究するための方法」こそが、主著『方法序説』に書かれた、シンプルな、4つの内容からなる方法です。

「明らかに真であると認めないかぎりは、いかなるものも真として受け入れない」という「**明証**」。

「私の思想を順序にしたがって導く」という「**総合**」。

「何も見落としていないと確信できるほど完全に数え上げることと、全体にわたって目を通すことを至るところでおこなう」という「**枚挙**《まいきょ》」。

そして「**分割**」。


私が取り組む難しい問題のそれぞれを、できるかぎり多くの、しかもそれを最もうまく解くために要求されるだけの数の小さなパーツに分割すること。（『方法序説』）

そう、「**困難は分割せよ**」なのです。


デカルトが500年前の冬の夜、人類の諸学問をたった自分ひとりで再構築しようと思い立ったように、人間だれしも、「人生でこれだけはやっておきたい」ということがあるのではないでしょうか。

しかし、なかなか重い腰が上がらず、目標から遠ざかった生活をしている。かつての夢から、今の自分は切り離されたように感じている。

そんなとき、デカルトの「困難の分割」からいえることはこうです。途方もない大きなことに思える「人生でどうしてもやりたいこと」を、10年レベル、数年レベル、1年レベル、月レベル、毎日の生活（日課）というふうに小さくして、自分の手に負えるサイズに落としこむこと。

さらに1日の中の数時間、数分の単位、電車を待っているわずかな時間にまで落としこんで、自分がこの数分でもこれならやれる、腰をすえて取り組めるという小さなパーツへと分割するのです。

いいかえれば、「やりたいことを分割して小さな目標（サブゴール）にする」〔※1〕ということです。目標までの道のりがはてしないものに感じられるなら、その大きな目標を小分けにして、途中で達成すべきいくつかのサブゴールを立て、そのサブゴールひとつひとつを確実にクリアする。サブゴールをクリアすること自体が達成感という快楽となって、無我夢中になってクリアしつづけたら、いつのまにか途方もないところまで来ていた、という考えかたです。

壮大な夢を描くことは志が高くて、すばらしいことのようですが、大口をたたいただけに終わってしまう可能性もあります。しかし、**本気で取り組める小さなゴールに刻んでいったら、夢は夢でなくなります。**

一つ一つは大きくはないけれど、確実な結果が待っている、成果の手ごたえのある作業になります。そうしたら、人生が楽しくなる予感がたしかなものとして得られるのです。夢のような手に負えないサイズ感を、このサイズなら身の丈で取り組めると思えるところまで小さくするのが、デカルト的アプローチです。

デカルトはそうやって、あまりにも大きい学問や世界に対して、ゼロから自分の学問をスタートさせました。**小さなゴールを達成すれば、はずみがついて、また次の小さなゴールにいこうという推進力が生まれます。**最後に、完成した小分けの部分を「総合」すれば、壮大な学問世界が構築できるのですから。

それはきっと、デカルトが書物を捨てて旅に出たときの、次のような身体感覚から編み出された方法論だったのでしょう。

> 一人で闇のなかを歩く人間のように、きわめてゆっくりと進み、あらゆることに周到な注意を払おう。そうやってほんのわずかしか進めなくても、せめて気をつけて転ぶことのないように、とわたしは心に決めた。(『方法序説』)

デカルトは『方法序説』で編み出した方法、つまりこの世界をこまかく分割した上で、あらためて一から世界を構築するための確実な足場を、「我思う、ゆえに我あり」という言葉のかたちで生み出しました。

これが、「神がすべて」のヨーロッパにありながら、神の存在をいったんカッコに入れ、「人間の理性だけで成り立つ世界認識」の一歩となったのです。

哲学だけでなく、近代学問すべての基礎がここから立ち上がる〔※2・3〕ことになるのですが、その出発点は「我思う、ゆえに我あり」という**「暗闇からの一歩」**なのでした。

どんな壮大な営みも、些細《ささい》な単位からできているということです。

であるならば、この章を読み終えたあなたは、一挙手一投足が「デカルト化」しているべきです。今している作業は大きなゴールを分割しているのか？　ゴールを適切に分割した一歩が、目の前の一歩なのか？　と。やりたいことを夢で終わらせず、実現したいと願う私たちにとって、これから行う**すべての行動の裏に、デカルト的思考が憑依《ひょうい》しているべき**なのです。

〔1〕認知科学の世界では、大きな問題にゼロから取り組むことを「アルゴリズム」と呼びます。それはコンピュータにしかやれないようなハードな作業です。一方、演算能力に限度のある人間が手に負えない問題を小さな問題に小分けにしたり、コツを考えたりして取り組みやすいものにすることを「ヒューリスティクス（簡便なやりかた）」（P.32〔3〕、P.226〔5〕）と呼びます。『予想どおりに不合理』の著者である行動経済学者ダン・アリエリーによれば、論文の校正のような、手間のかかる仕事を大学院生に頼んだときに、締め切り間際になってやっつけようとする人よりも、締め切りをこまかく分割して、いくつかの「サブゴール」を設定し、順々にこなした人の方がうまくいく、という実験結果を導き出しています。これはヒューリスティクスの代表的な方法です。2016年、世界最強格の棋士を破ったAlphaGoをはじめ、近年人工知能の研究が躍進しています。その背景には人工知能が、1億手先まで読みうるようなアルゴリ

ズムはもちろん、ディープ・ラーニング（深層学習）によって、人間の強みとされてきた直感で最適手を思いつくヒューリスティクスをも兼ね備えるようになったことが大きいと考えられています。

〔2〕デカルトは近代哲学の基礎を作りましたが、数学者としてもその基礎を築きました。有名な業績に平面上の点をｘｙ平面の２つの数字で定義する「座標」があります。今では中学生でも当たり前のようにやっていますが、実はこれ、幾何学と代数学の融合であり、『方法序説』に挙げられた「総合」を実践しています。

〔3〕デカルトは演繹《えんえき》的思考の祖としても知られています。演繹法とは世の中を動かす少数の一般的真理を、大きなものごとから、ブレイクダウンした小さなことがらまですべてに適用して推論を重ねていく思考のこと。このロジックは強力でわかりやすいもので、我々が日常で「科学的に考えよう」というとき、たいていこの演繹的思考のことを指します。それを批判したのが同時代人のライバル、パスカルでした。パスカルはデカルトのそのように秩序正しい直線的な思考を「幾何学の精神」として認めつつも、同時にまた、複雑多岐な事象から一挙に、帰納《きのう》的にその背後にある真実を直感する「繊細な精神」も大事なのだと説きます。後者があってこそ新しいアイデアが生まれるのであり、両者をともに発揮できることがほんとうに「科学的」であるということなのです。

デカルトが出した答え

困難を分割せよ

ルネ・デカルト
推薦図書

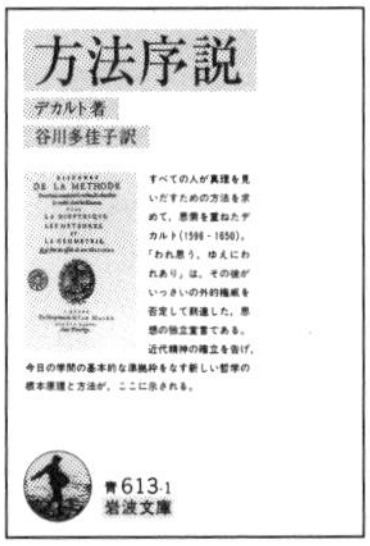

『方法序説』 岩波文庫

薄くて読みやすい古典。「我思う、ゆえに我あり」それ自体より、そのテーゼにたどり着くプロセスや、方法論をもって問題に取り組むスタンスにこそ学ぶべき点がある。「世界の秩序よりも自分の欲望を変えるように、つねに努めること」はあの林修氏が偏愛する一節。

悩み

会社を辞めたいが辞められない

ジル・ドゥルーズ
が答えを出しています。

ジル・ドゥルーズ　1925-1995

20世紀フランスを代表する哲学者。ベルクソンやスピノザの研究で哲学史家としても優秀だが、『差異と反復』以降、精神分析家カタリとタッグを組んで独自の哲学を展開。「リゾーム」「ノマド」など魅力的な概念を数多く打ち出した。日本の思想界での人気は今も健在。

会社の仕事がつまらないけど、辞めるに辞められず、悶々としている。

そう思って今朝もまた満員電車に揺られる人は、この日本にたくさんいらっしゃると思います。

多くの人にとって、この悩みはもはや悩みであることを越えて、「悩んだってもうしょうがない」から日々飼いならし、やり過ごしている悩みではないでしょうか。


いつも目の前にあるのは、自分じゃなくてもやれる作業。人生一度と考えたら、決してやりたいとはいえない業務。

もっと、自分じゃなければやれない仕事、これをやれたら人生悔いはないと思えるミッションはなかったんだろうか。あったんじゃないだろうか、どこかに。

そう思うと、ため息が出ます。


「だったら会社なんかやめた方がいい」のだけれど、だからといって転職する勇気も、やめて腕一本で食べていくような自信もない。会社をやめて無一文になった自分を想像すると、ぶるぶると身震いがするようで**「やめるにやめられない」**。

では、どうしたらよいのでしょうか。


20世紀後半を代表するフランスの哲学者ジル・ドゥルーズはこう言いました。

「動かなくても、動くことはできる」と〔※1〕。

資本主義による「搾取《さくしゅ》」でしかないような、いやな作業にがんじがらめに支配されている職場であっても、よく見ると実は、あちらこちらに見えない「穴」が開いている。

いや実は、**「穴」だらけ**なのだ、とドゥルーズは言います〔※2〕。

その「穴」を見つけることで、**そこから逃げ出すことはできる**のだと、詩的な表現（レトリック）を駆使してドゥルーズは「資本主義からの逃走」をとなえました。

「いい大学・いい会社」というレールをよしとする価値観がいまだ根強い日本に暮らす私たちにとって、ドゥルーズの哲学は新鮮な魅力をもつもので、この国に紹介されて以来、人気の哲学でありつづけています。

が、注意しなければならないのは、ドゥルーズのいう「逃走」とは、「とにかく会社を辞めてフリーやノマド（この言葉も元はドゥルーズが使いはじめた言葉です）になろう！」といった物理的な逃走、所属的な逃走であるよりも、まず「精神的」な逃走である、ということです。

「居場所はどこだっていい」とドゥルーズは言います〔※3〕。

会社をやめたくてもやめられないのなら、やめなくたっていい。「決然と会社を後にする」必要なんか全然ない。そこに在籍していればいい。

在籍しつつも、たまには上手に時間をとって（就業規則に引っかからない範囲で）自分の好きなことをやる。もちろん、自分の好きなことをやるといっても、人間ひとりで大したことはできません。志を同じくする会社〈外〉の人々と通じて、水面下で構想を温め、地中で根っこが大きくなるように、徐々に大きく育てていく[※4]。そしてある時、そのプロジェクトを立ち上げ、創造的な活動を興《おこ》したり、会社外でのネームバリューを高めたりする（それが会社員としての自分に好循環をもたらすこともあるかもしれません）。

このように、徹底した管理が行き届いているかに見える高度資本主義的な企業社会においても、**「ものは考えよう」で自分たちがのびのびと生きるやりよう**を、ドゥルーズは**「逃走」**といっているのです。

「逃走」のための準備には、いつでもスキマ時間を活用できるデバイスと、軽快なフットワークさえあれば十分でしょう。しかし、ドゥルーズの説く「いながらにしての逃走」において難しいのは、内面的な問題、つま**り「気分転換」**です。

というのは、スーツを着て会社にいると、肉体も場所も資本主義を駆動させる（ドゥルーズの表現を借りれば）《整流器》に流しこまれたようなもので、ある種の惰性《だせい》というか慣性で、どんないやな作業でもこなしてしまう「高級作業員」になってしまう傾向は否めません。社会人の方なら誰しも経験があることではないでしょうか。

どんなに仕事に不満を持っていても、この《整流器》の力は強力で、仕事が終わっても、本来やりたかったことへの気分転換はなかなかうまくいかないものです。気づけば、重要でないかわりに急ぎではある「雑務」のアポで手帳を埋めつくし、「自分は多忙だ」と悦に入ってしまったりする。そのような流れに、意志を持ってあらがえるか。忙しい中でも業務の前後にスキマ時間を見つけて、**自分の好きなこと、自分にとって重要だと思える仕事をやってしまえるかどうか。**

それができるかは気分転換の技術にかかっているのですが、切りかえがスムーズにいかない理由は「ストレス」にあります。社内スタッフの反応が悪いとか、取引先にいやなことを言われたとか、会社の業務をこなすというのは、多かれ少なかれ、不可避的に精神的ストレスをためこんでしまうものです。

そのストレスは次の作業で解消できればいいのですが、当然、次の作業でまたストレスを抱えるという連鎖が生まれます。まるでチェーン・スモーカーのように、ある種の**中毒状態**におちいっているのです。

ストレスの連鎖を生み出す職場の中毒的な雰囲気にのまれずに、自分がやるべき会社外の仕事に気持ちをさっとふり向けられるか。現実的には、スキマ時間の集積だけでやりたいことをやるのは難しいので、早朝に起きるなどして、誰にも煩《わずら》わされない、まとまった時間を日常的に確保する対策が必要になるでしょう。

ドゥルーズは「左翼」の哲学者であるだけに、資本主義からの「逃走」を提唱しましたが、それは必ずしもスタイリッシュな逃走であるとはかぎりません。会社での冷や飯のような業務や、そこで受けたくやしさをバネにして、孤独にやるべきことに熱中する、それだけの覚悟が必要な「逃走」ということでもあるのです。

とはいっても、「私は会社員だけど、上司や同僚がどう思おうが、やりたいことはやってやる」といった、孤高をおそれぬ覚悟さえあれば――閉鎖的で息苦しく見える職場環境も、実は**考えようではそこからいくらでも「逃げ」出すことのできる、やりようのあるスキマにみちた希望の場所**だということに気がつくのではないでしょうか。

〔1、3〕この言葉はドゥルーズがアメリカの歴史学者トインビーから引いた次のような言葉を基にしています。「逃走とは正確には旅でも移動でさえもない。〔…〕逃走はその場で、動かぬ旅の中でもできるからだ。トインビーは、厳密な意味での、地理学的意味での遊牧民とは、移住民でも旅人でもなく、反対に動かぬ人々、草原（ステップ）に執着する人々、その場での逃走の線にそって大股で歩き、動か

ぬ人々、新しい武器のもっとも偉大な発明家たちであることを示している」(『ディアローグ――ドゥルーズの思想』より)。

〔2〕「穴」と訳したドゥルーズの元の表現は「ligne de fuite」です。英訳すると「line of flight」。直訳すれば「逃走の線」ですが、「fuite ≒ flight」には「水漏れ、ガス漏れ」の意味があります。抑圧的な閉鎖系システムのたとえとしての「水道管」を破裂させ、水漏れを起こして逃走するというニュアンスをこめて「穴」と訳しています。ドゥルーズはまた、既存の場所(条里空間)とあたらしい場所(平滑空間)をつなぐ場所としての「多孔空間(穴だらけの空間)」を語っており(『千のプラトー』)、「穴(孔)」のイメージはドゥルーズに親しいイメージであるといえます。

〔4〕ドゥルーズの有名な概念に「リゾーム」があります。上意下達《かたつ》式のタテ社会のような、系統立った階層構造を「ツリー(木)」と呼び、それに対置する概念として、中心もなく横に繁茂《はんも》しながらつながっていく「リゾーム(根茎上の組織)」をイメージしています。イタリアの社会学者アントニオ・ネグリはドゥルーズの「リゾーム」概念に影響を受けつつ、マルクス(P.177〔2〕)の「階級闘争」の現代版として、「組織にとらわれない個人の多種多様なネットワーク(マルチチュードと呼びます)」が資本主義の矛盾に対抗しうると考えました。ネットでの「弱いつながり」(weak ties:社会学者グラノヴェッターの理論)を利用して、自分らしい仕事をもうひとつの手でつくっていこうとする「2枚目の名刺」や「パラレルキャリア」、またそれに応じた企業の側からの「副業OK」といった働きかたの変化も、(広義の)マルチチュードに位置づけられるでしょう(労働人口の減少を背景に、政府による副業解禁の動きも出てきています)。大切なことは、ふだんから人的ネットワークをひろげて、いろんな方面に「逃走線」を引いておくこと。息がつまりそうになったときに、逃げられる場所(アジール)を複数確保しておくことです。

ドゥルーズが出した答え

逃走の線を引け

ジル・ドゥルーズ
推薦図書

『アンチ・オイディプス』 河出文庫

欲望を抑圧する権力装置からの逃走を、イメージあふれる表現で語る。「マイナーなもの（たとえば子ども）になること」や「寂しい夜道、人は歌うことで自分の領域を作る（リトゥルネロ）」など魅力的な概念を語る『千のプラトー』や『差異と反復』も難解だが名著。

自意識・劣等感

Self-consciousness / Inferiority complex

友人が成功するたびに、私は少しずつ死んでゆく。

ゴア・ヴィダル（作家）

悩み

緊張してしまう

ゴータマ・シッダールタ（ブッダ）が答えを出しています。

ゴータマ・シッダールタ（ブッダ）　紀元前563－紀元前483（諸説あり）
現在のネパール近くの小国の王子として生まれるが、人生に悩んで出家。苦行を否定、瞑想により悟りを開き、「ブッダ（目覚めた人）」と称される。「悟り」を求める教理は上座部仏教として東南アジアに、「慈悲」を重んじる思想は大乗仏教として中国や日本に伝来。

3日後にせまった大きなプレゼン。明日の取引先との会食。結婚式でのスピーチ。人前に出て話したり、パフォーマンスしたりするような、自分の実力が試される場面を想像して、失敗したらどうしようと、緊張で硬くなってしまう。誰にもある身近な悩みではないでしょうか。


「うまくやらなければいけない」

「ここで失敗すると私に明日はない」

「はずしたら人生が終わる」

本番が近づくほど、ネガティヴな思考で自分を追いつめてしまう。

前夜に一睡もできないことだってあるでしょう[※1]。


「ここぞ」という大事な場面で「緊張してしまう」悩みに対して有効なのは、**仏教の教え**です。

ここでは、タイやミャンマーなど東南アジアを中心に広まった上座部《じょうざぶ》仏教（テーラワーダ仏教）の教えをとりあげます[※2]。


ブッダの教えによれば、私たち人間は生来、**「渇愛《かつあい》」**をもっています。外界のさまざまな刺激から過去に起こったことや未来に起こることを想像し、その妄想の中で好ましい対象を欲したり（貪《どん》）、好ましくない対象を嫌ったり（瞋《じん》）、そのこと自体に無自覚だったりする（痴《ち》）。そういった

「渇愛」を発生させます。「渇愛」に**「煩悩《ぼんのう》」、つまり濃密な感情がまとわりついて、「執着《しゅうちゃく》」**（「執著」とも書きます）**を形成してしまう**のです（この状態を「無明《むみょう》」ともいいます）。

「緊張してしまう」もその一つ。プレゼンや会合の場面を妄想しては、上司だとか後輩に「いいところを見せたい」とか「恥をかきたくない」と考えるうちに、それがさも「人生の進退がかかった大一番」として、実体をともなったものであるかのように感じられてしまう。

そして「うまくいくのだろうか」、「失敗したら人生終わりだ」といった強い不安や緊張感となって、「なんとしてでも失敗は避けたい」と「執着」が強まる。いまだ来ぬ本番への緊張が日増しに高まってしまうのです。

後先をむやみに思い悩み、本番が近づくと不安と緊張でいてもたってもいられなくなる。このことからもわかるのは、**私たちは「渇愛」や「煩悩」から「執着」へと感情をのめりこませ、エスカレートさせてしまう**（カントであれば「傾向性」（P.182）というであろう）**心の「癖《くせ》」をもっているということです。**

私たちはその「癖」を客観視したり、俯瞰《ふかん》してみることなく、ただ無自覚に、日々とらわれるがままになっている。日ごろ無数に受ける雑多な刺激から、習慣的・盲目的に煩悩を育て、ふくらませつづけている状態で生きてしまっているのです[※3]。

そういうとき、仏教の教えはつねに明快です。

「およそ集起《しゅうき》する性質のものは、すべて滅尽《めつじん》する性質のものである」。（パーリ仏典『大品』）

「原因によって生じたものごとは、すべていつか消えてなくなる」ということです。

私たちが経験するすべての現象は、原因が寄り集まって起こるものであり、その原因がなくなれば、すっかり消滅してしまうものなのです。

これが仏教でもっとも重要な**「縁起《えんぎ》」**という概念です。

「縁起」とは、「これあるに縁《よ》りてかれあり、かれ生ずるに縁《よ》りてこれ生ず」、すなわち、さまざまな原因に「縁《よ》」りて（寄り集まって）、ものごとが「起」こるということ。そこから日常で使われる「縁起がいい」という言葉も生まれました。この世間で起きるものごとはすべて「縁起」であって、であればすべてのものごとは「無常（あるいは空《くう》：P.192）」、つまり「実体をもたない、一時的なもの」なのです。

「縁起」の考えにしたがえば、今とらわれている緊張や不安も、「ほめられたい」「認められたい」が「自信がない」、それに「チャンスが今しかない」などの感情的な原因が縁《よ》り集まって、高まったり、つのったりするものです。その本番が終わってしまえば、やがてなにごともなかったかのように消滅するもので、結局はすぎ去る「無常」のものと気づく。大事なプレゼンもデートも同じ。すべては「うまくいってもいかなくても、とにかくすべてのものごとは過ぎ去っていく」と思えれば、もっとラクにいくはずなのです。

世界が「無常」とわかっているなら、この世の中で実体視できるものは何ひとつなく、あらゆることが寄り集まっては流れ去る現象であると気づく。であるならば、**過去の記憶にも未来への不安にもこだわりをもたず、「今・ここ」に集中する**（念入りにリハーサルを繰り返すなど）ことで、「失敗したくない」「生き残りたい」といった煩悩から起こる過去や未来への執着のとめどない膨《ぼう》張《ちょう》を、堰《せ》き止めることができるのです〔※4〕。

仏教は「行学《ぎょうがく》」と言われるように、理論だけでなく実践（修行）も重視する学問ですから、煩悩の繁茂《はんも》や膨張を実際にせき止めるために、修行のメインである「瞑想」があり、その坐禅瞑想のシステムは精密に体系化されています。「緊張してしまう」についてもそれは明快です。

瞑想のやり方はシンプルです。瞑想のスタイルとして知られる「結跏趺坐《けっかふざ》」や「半跏趺坐《はんかふざ》」、あるいは椅子でもいいので背筋をのばして姿勢正しく座る。半眼《はんがん》、あるいは目を閉じて、緊張している自分をありのままに観察する。自分の内なる状態、たとえば緊張を、おさえこもうとするのではなく、ただありのままに「客観視」する。

本番を控えて「不安で眠れない」なら、「不安で眠れない」と確認する。直前で「緊張している」なら、「緊張している」と確認する。

実際にやってみると、次から次へ雑念がとめどなくわいてきて大変ですが、ただ観察し、ただ「確認」することが、緊張感を緩和してくれることを実感できるでしょう。緊張感はあっても、それにのみこまれることなく、緊張をもうひとりの自分が見るかのように「対象化」し、距離をとれるようになるのです。

そう、**瞑想することは「悩む人」から「悩みを観察する人」になること**にほかなりません。

なぜ、ただこれだけのことで緊張がラクになるかというと、人間の脳には頭の中を客観視（「メタ認知」ともいいます）する働きをもつ「背内側前頭前野《はいないそくぜんとうぜんや》」という器官がそなわっているからです。瞑想することでその部位の血流が充実するという実験のデータがあります。「経験する自分」以上に「それを俯瞰する自分」を鍛《きた》える、というわけです。

ブッダが涅槃《ねはん》（死）に至る最期の言葉は、

もろもろの事象は過ぎ去るものである。怠ることなく修行を完成なさい。（『ブッダ最後の旅』）

というものでした。この言葉の通り、**ジムで「からだ」を鍛えるように、瞑想で「こころ」を鍛えることも可能である**ことが、脳科学の見地からも証明されています。

もちろん、瞑想が威力を発揮するのは「緊張」だけにあらず。

「イライラする」「誰かへの執着や怒りがおさまらない」「嫉妬やコンプレックスに苦しんでいる」といった、対人関係をはじめとする日常生活すべての心の苦しみをへらす智慧《ちえ》を、ブッダは2500年も前に、体系立った総合的なプログラムとして整えてくれていたのです。

ブッダの教え。そして瞑想。この世の苦しみを軽減する方法を、瞑想を行うために最適化された「仏教資産」[※5]に恵まれたこの国で、現代のストレス社会を生きる基本技術として習得してみるのはいかがでしょうか。

〔1〕緊張やイライラで眠れないという悩みも切実なものですが、睡眠薬もサプリもいらない、発想の転換だけで眠りやすくなる方法があります。カナダの認知科学者リュック・ボードワンが考え出した「認知シャッフル睡眠法」です。任意の言葉（たとえば「ふとん＝futon」）を選び、それぞれの頭文字から始まる言葉（たとえばflamingo,（the）United States, tumbler, opera, neural networkなど）のイメージを数

秒間頭の中で思いうかべては次の言葉のイメージに移るというものです。物語を結ばない映像の羅列を見ると、脳は身体に「眠っている」サインを送るのだそうです。人は脳内で物語を作り出すことで興奮状態になります。それを逆手にとり、物語を生じる煩悩を断ち切ることで精神を休ませるこのアプローチは仏教的といえるものでしょう。

〔2〕「上座部仏教」とはブッダの没後、20の部派に分かれた仏教のうち、ブッダの教えそのものである「原始仏教」に忠実に、自力で悟りを開くことを追究しようとする仏教のこと。紀元前3世紀にスリランカに伝わり、そこから東南アジアに広まりました。日本や中国で主流の「大乗仏教」は、上座部仏教を自分の「解脱《げだつ》」や「悟り」だけを考える「アカデミック」なひきこもりと批判し、民衆にひらかれた「慈悲」や「他者救済（利他行《りたぎょう》）」を掲げた改革派、あるいは上座部仏教へのアンチテーゼとして、紀元前後のインドで派生したものだとされています。その理想が凝縮されたのが『維摩経《ゆいまぎょう》』。俗世に生きる大商人にして仏教に精通した在家信者・維摩詰《ゆいまきつ》がブッダの優秀な弟子たちをやりこめるストーリーですが、「仏道を成すには世俗で非道を行いつつ、しかしそれにとらわれないことだ」といった、親鸞（P.188）へと通じる「煩悩即菩提《ぼだい》」の生活態度は見ておくべきものがあります。

〔3〕人は「約1・2秒で1個の思い」を思い浮かべるのだそうで、1日にすると約7万個の想念となり、人が考える雑念の総量はすさまじい量にのぼります。さらにスマートフォンの普及が追い打ちをかけ、現代人の集中力が続くのはなんと「8秒」。あらゆる情報をとりいれて自分を見失いがちな情報爆発時代だからこそ、人間を「今・ここの自分」にたちかえらせる瞑想が求められています。現代の情報環境を生み出した震源地であるアメリカ西海岸（カリフォルニア州）が、同時に瞑想流行の発信地となったのは必然的でしょう。

〔4〕これを「気づき」（sati）といいます。ブッダが悟りを開いた瞑想を、大乗仏教（臨済宗）の立場から現代の欧米に広めたのが、フランスに亡命したベトナム出身の禅僧ティク・ナット・ハンらが提唱する「気づき」、すなわち「マインドフルネス」瞑想です。ナット・ハンはGoogle本社で「歩く瞑想」を教授しました。

〔5〕「仏教資産」というコンセプトは、名越康文氏の『どうせ死ぬのになぜ生きるのか』によるものです。

ブッダが出した

答え

およそ集起する性質のものは、
すべて滅尽《めつじん》する性質のものである

ゴータマ・シッダールタ
推薦図書

『ブッダの真理のことば・感興のことば』
岩波文庫

煩悩に苦しめられた人間ブッダの、卓抜な比喩を駆使した等身大の言葉が2行ずつ423の詩で語られ、生きることの苦しみが鎮まってゆく。下痢で弱り、やがて涅槃を迎える『ブッダ最後の旅』も味わい深い。答えはブッダの智慧第一の弟子、サーリプッタの言葉より。

悩み

自分の顔が醜い

ジャン＝ポール・サルトルが答えを出しています。

ジャン＝ポール・サルトル　1905-1980

フランスの哲学者。生きることの不条理と希望を語り、熱狂的支持を浴びた戦後思想界のスーパースター。国際的な時事問題について常に抑圧された側に立って態度表明した。葬儀に5万人が参列、日本でも全集が300万部とこれほど人気が出た哲学者は後にも先にもいない。

背が小さいこと。太っていること。目が小さいこと。鼻が低いこと。顔が大きいこと。えらが張っていること。足が短いこと。脚が太いこと。髪が薄いこと。

外見的コンプレックスは、哲学などという思考をもってしてはどうすることもできないような、肉体的で、根本的な悩みに思えるかもしれません。

ところがその答えは、まちがいなく哲学にあります。

外見的コンプレックスを克服するためのヒントは、**サルトルの哲学**にあります。

サルトルの実存主義哲学を理解するために、遠まわりに感じられるかもしれませんが、人間と人間以外の動物は根本的に異なっている、というところからはじめてみましょう。

たとえば、とかげという動物がいます。

とかげには、「とかげ」という「本質」があります。堅い鱗《うろこ》に覆《おお》われた爬虫類の一種で、壁や天井にひっついて歩ける四肢を持ち、昆虫などを捕食する。長いしっぽをもち、外敵に襲われればそのしっぽを自ら切る。しっぽ自体が数分間うごいて敵の注意を引き、その間に逃げる。

そのような生きものであり、自分に似た子孫を残すために生きているといった、もろもろの属性がつまっている。とかげはそういった属性を持つとかげ、それ以外の何ものでもありません。それらの属性のいろいろは、とかげのかわらない「本質」だといえます。

一方、**人間には、本質というものがありません。**あっても、およそどうでもいいものである。大きな脳みそをそなえた肉体を与えられ、個体差のある姿かたちを与えられてはいますが、神によって、あるいは親によって、あらかじめ先天的に決められた、**その人の人生の意味や目的といったものが、あるようで存在しない。**人間はもう、徹底的に自由です。途方に暮れるぐらい自由であり、平日の夜中にいきなり旅に出るとか、ほんとうに何をしたっていいのですけれど、神も、親も、親友も――上司や会社はいうまでもなく――自分が何をすべきかは決めてくれない。しなければいけないことも、あるようで実は、何もない。

私たち人間はこの世界に無意味に、受動的に投げだされており、「自由の状態から解放」してはもらえないのです。これがサルトルのいう「人間は自由の刑に処《しょ》せられている」ということの意味です。「人間は自由に呪われている」といってもいいぐらいです。この自由さは、動物と人間の決定的なちがいです。

動物と人間を哲学の言葉でいいかえれば、とかげ（動物）は「即自存在《そくじそんざい》」で、人間は「対自存《たいじそん》在《ざい》」である、ということになります。「即自存在」とは「それがあるところのものでしかない存在」。

一方、「人間」という「対自存在」は「それが現にあるところのものではなく、それがいまだないところの存在」というふうに定義されます。これはどういうことかというと、持って生まれたものなんてどうでもいい。**これからなろうとするもの、だけれどもまだなっていない、なれていないものになりうるということだけが重要なのだ、**ということです。

たしかに私たちは選ぶことができない親から生まれ、わけもわからないままこの世界に放り出されている。最初からこの身体、この顔、この国のこの街に住むこの自分、というものがある。あるのだけれど、人間はそういう「自己イメージとの同一化」から距離をとることができるということが、実存主義哲学においては重要な考えかたです。

人間とは「自分は〇〇である」という思いこみにとらわれずに、**あらゆる自己イメージの束縛から自分を解きはなって、自分の可能性を開いていける存在**です。この今ある世界に、偶然投げ出された人間が、現に存在するこの自分を、たえず乗りこえていくことができる存在です。自分で未来を選択し、こうなろうという気概《きがい》をもち、自分自身を何かになろうという「プロジェクト」にすることができる生きものなのです（サルトルは人間を『被投《ひとう》（無力に投げ込まれた）』的存在ではあるが、『投企《とうき》（自分をこうなろうと企画できる）』的な存在でもある」といっています）。

一方、とかげのような動物にはこのようなことができません。とかげはとかげである以外に、自らのありようを決めることができない。そういう点でとかげは（当然ですが）人間ではないのです。人間だけが、所与《しょよ》（given：与えられた）の自分を否定して、あらゆるとらわれから自由であることができる生きものである。このことがサルトル実存哲学の核心である**「実存は本質に先立つ」**という言葉の意味です。

人間においては、自分が現にどういう状態であったとしても、「私は○○になれる」と考えたっていい。その○○には、まったく何を入れてもいいのです。そこは徹底的に自由です。高卒だから大学教授になれないなんてこともない。ニートだから芥川賞作家になれないなんてこともない。「ブサイク」だから美男美女と結婚できないなんてこともない。実際にそれを実現した人たちがいます。

動物の中で唯一、人間だけが、所与の自分から自由であることができる生きものなのです。であるならば、こうだという自分への思いこみを解きはなち、社会にどんどんコミットせよ、というのがサルトルの主張であり、その思考の帰結でもありました。

サルトルは後半生、その哲学を自ら実践する時代に入ります。ベトナム戦争に介入したアメリカを批判し、キューバの独立運動を率いたチェ＝ゲバラを支持するなど、当時の国際情勢に積極果敢に社会参加（engagement）《アンガージュマン》し、発言するようになります。サルトルの人生そのものが「自分のあり方

写真：Rapho/AFLO

晩年のサルトル

を自由に選び、選んだ中で責任を果たしてゆく」実存主義哲学を体現することでした。小説家にはじまり、劇作家、批評家、ジャーナリスト、ソーシャル・アクティヴィスト。**その全方位的でエネルギッシュな行動を突き動かしていたのが、驚くなかれ、かれの外見的コンプレックスだった**といっていいのです。

サルトルは青春期から学問においては優等生でしたけれども、転校先の美少女に告白しては拒絶されるという暗い過去をもっていました。背も小さいし、目もぎょろっとして、おまけに強度の「斜視《しゃし》」なのです。モテたいという気持ちは人一倍強いようでしたが、切実な外見コンプレックスをかかえていました[※1]。サルトルは恋愛における強烈なハンデをかかえ、でありながらもモテるインテリとなるために——いいかえれば「本質」

を否定し「実存」に生きるために――おのれの外見コンプレックスに対する理論武装として、あの『存在と無』を書いたといっても過言ではないのです。

私は書くことから生まれた。その前にあったのは、鏡に映った像だけだった。

彼は哲学的に思考し、その言葉を書くことにより、実存主義的な人間としてあらたに生まれなおしました。生まれつきの、鏡に映った肉体的特徴を捨て、そのとき真に、サルトルという人間が「生まれた」のです。「ブサイク」な容姿を持つじぶんを否定して[※2]、鋭い思考で世界を切る一流の知識人となることで、チビで斜視だったとしても、セクシーさを獲得することができる。

知性だけではありません。「ブサイク」であってもトレーニングをすれば魅力的な肉体を手に入れることはできるし、心がけひとつで、服もおしゃれに着こなすことができます。**イケメンや美女から遠く離れた地点からでも、その正反対へのジャンプすら、人間は正しい意志と努力によって届かせることができる**のです。

実際にサルトルは、同じ大学でとびきりの美人とうたわれたボーヴォワールとの交際に成功し、お互いの自由と自立を認め合う内縁関係（ユニオン・リーヴル）を結んで、生涯の伴侶《はんりょ》としています。

それだけではなく、哲学界不朽の名著を著《あらわ》し、同時代の知的英雄〔※3〕となったのちも、執筆や講演の合間に美女を愛し、晩年失明してからも多くの愛人に恵まれた艶福家《えんぷくか》でした。容姿に悩み、告白してフラれた文学青年から、「いまだあらざる存在」、**『ブサイク』だけどモテるインテリ」**へと生まれかわるプロジェクトに、サルトルは成功したのです。

〔1〕幼少の頃は美童と言われたそうですが、小学生時代に床屋で髪を切りすぎて髪型がきまらない日があったとき、「切りすぎた髪をのばしてくれ！」と思ったのが、少年サルトルが容姿コンプレックスを自覚した最初のつまずきの記憶だとされています。

〔2〕サルトルと親友でもあり、のち絶交した哲学者にメルロ＝ポンティがいます。メルロ＝ポンティの実存哲学がサルトルと異なる点は、自分に偶然与えられたものを否定するのではなく、生まれ持った肉体や気質を受け入れ、自らの意志で前向きなものにアレンジしていくところにあります。生まれつきの統合失調症気質を逆にチャンスとして、「眼に映ったままをどう描くか」をテーマに独創的な絵画表現を築き上げた近代絵画の父・セザンヌをひとつの例に、メルロ＝ポンティは身体を中心にした独自の実存哲学を説きました。

〔3〕サルトルの実存主義哲学は後年、文化人類学者レヴィ＝ストロースによって徹底的に批判されます。個人がどう世の中を変えようといきがったところで、個人の行動など世界の「構造」の網の目の中で決定づけられているとして、次世代の知識人である構造主義者たちから「旧世代の哲学」と片づけられてしまいます。ところが、ポスト・サルトル世代のドゥルーズ（P.55）が率直に認めているように、彼ら後進の思想家の多くは、あらゆることを先どりした多才のスーパースター・サルトルに内心憧れていました。それでも彼らが思想界に自らのポジションを築くためには、あまりにも大きな存在だったサルトルを嘲笑《ちょうしょう》したり、批判したりする否定的なポーズをとらざるをえなかったというわけです。

サルトルが出した
答え

人間とは、彼が自ら
創《つく》りあげるものにほかならない

ジャン＝ポール・サルトル
推薦図書

『存在と無』 ちくま学芸文庫

戦後哲学書のベストセラー。ヘーゲル・フッサール・ハイデガーを基にした、小説のような哲学書。主人公がマロニエの根元を見て吐気を催す場面が有名な『嘔吐《おうと》』は、逆に哲学のような小説。『存在と無』は緒論を飛ばして、『嘔吐』に似た第1章から読むとよい。

悩み

思い出したくない過去をフラッシュバックする

フリードリヒ・ニーチェ
が答えを出しています。

フリードリヒ・ニーチェ　1844-1900

19世紀末ドイツの哲学者。バーゼルで古典文献学を講ずるもドロップアウト。キリスト教道徳を弱者の怨恨(※1)と批判し「神は死んだ」と宣言。湖畔で「永劫回帰」を直感し、無意味な生を生きぬく哲学を語るがのち発狂。後世に絶大な影響を与えた現代思想の師匠《メンター》的存在。

人生に失敗はつきものです。
周囲に「私は○○になる！」と堂々と宣言したことがあえなく挫折してしまったり。面白がらせようと思いきって大勢の前で発言したのに全然反応がなかったり。想いつづけた人と距離を縮めようとして、かえって嫌われてしまったり。
そうした瞬間の記憶がふとしたとき甦《よみがえ》り、こみあげる胃液のように当時のにがい気持ちを反芻《はんすう》しては、叫びたくなるほどの後悔に襲われる。月日が経過したことでも、生々しい実感とともに思い出し、後悔を引きずってしまう。人生に積極果敢にチャレンジしている人ほど、そうした痛い経験があるのではないでしょうか。

歳を重ねるにつれ分別もついて、手痛い失敗を恐れて傍観者《ぼうかんしゃ》をきどり、危《あや》ういことには手を出さない、現状維持的な、身の丈に合った生き方におちついてゆくものです。しかし、「失敗をおそれず果敢にチャレンジしつづける人」と、どちらが「力のかぎり精一杯生きた」といえるでしょうか。

19世紀を代表する哲学者フリードリヒ・ニーチェは、前者の「君子危うきに近寄らず」のような、賢く理性的な生きかたを「アポロン的な生」と呼び、後者のような**喜びも苦しみもある、振れ幅の大きい、自分の背負った運命に翻弄《ほんろう》される生きかたを「ディオニュソス的な生」**と呼びました。そして、ソフォクレスらの「ギリシャ悲劇」を両者の結合した芸術としてとらえ、充実した人生のモデルとして賛美しました（『悲劇の誕生』）。

ディオニュソス的な人生においては、欲望に忠実に生きているうちに、さまざまな体験にぶつかれば必ず不幸も生まれます。しかし、同じだけいいことも、幸福だと思うことも生まれます。

それは生というものがぐるぐると円環していて、**幸せで楽しい体験も、思い出したくもない失敗の体験も、同じように因縁でつなぎ合わされて、めぐりめぐっている**からなのだ、とニーチェは言います（『ツァラトゥストラはこう言った』）。

そう悟ったときに人は、「いいことと悪いことの途方もない繰り返し」としての人生に絶望するかもしれないし、「不幸だけはもう二度とこないでくれ」と思うかもしれません。

だけど、もし私たちがある夜、自分には無理だと思っていた素敵な恋人と結ばれたとか、思いがけない仕事での成功や称賛を受けたりして、「この幸福がずっと続けばなぁ、ああこの瞬間よ、また来てほしい！」と思ったとしたら――すべての出来事は、環《わ》っかのように因果でつながっているのだから、**また再び起きるだろう不幸の体験に対しても、「しょうがない、また来い！」と言っていることになる**のだよ、とニーチェは説きました。

これが**「永劫回帰《えいごうかいき》」**の思想です。不幸な体験がなければ、いい思い出もないわけで、両方があるから人生はつらく、そして楽しい。その**振れ幅の大きい人生をこそ愛し、楽しめ！**というわけです。

そういう浮き沈みある、おもしろいけどつらい人生への無条件の肯定のことをニーチェは**「運命愛」**と言い、ニーチェが最終的に到達した「超人」の条件としたわけですが[※2]、**ではどんなに不条理としか言いようのない、むごたらしい悲惨な運命でも愛せるか？**ということが問題になるわけです。

愛せる、とニーチェは言います。不幸な体験こそ、ある場合には幸福な体験以上に財産に変わるのであると。

失恋や失業、人に裏切られた経験、自分の力ではどうにもならなかった災害や事故の体験、酔ってやらかした大失敗、仕事の手痛いミスの思い出はその最中にあるときはただ、つらい。自分が悪いとしかいいようのない若気の至りは、思い出すだに恥ずかしい。

しかし、それをなんとかやりすごし、乗りこえてみて、のちに過去としてそのときを振り返ってみたならば、ただよかった、あるいは楽しかっただけの経験よりも、そのことがあったから、いま、がんばろうという気持ちになれている。なにくそ、やってやるぞと思えている。そう、人生をふりかえったときにつらい記憶はいまを生きる私たちになつかしい潤いを与え、またこれから頑張ってやろうと思えるガソリンになったりするのです。

〔1〕ニーチェは、自分の体が弱いことをいわば逆手にとって哲学を究《きわ》めた人です。かれは弱者のルサンチマン（強い者・才能ある者への怨恨）を手厳しく批判する一方で、「強者」のイメージを語ります。ファシスト的でマッチョな存在が強者＝超人なのではありません（このイメージは「金髪の野獣」といった表現がハイデガーらに誤解され、ファシズムに利用されたものです）。「ヴァルネラブル（傷つきやすい）なのだけれども、その時の最大の対抗力は忘却」で「やられてもやられても全部忘れ」て「どんどん動く」者、「敗北しているにもかかわらずそれがいささかも記憶となり膿《う》んだ傷口となることがない」者（浅田彰・島田雅彦『天使が通る』より。カッコは引用者）を真の「強者」であるとして、「弱さ」をひとつの哲学的なコンセプトに昇華しました。ニーチェは、群れて強大な力を発揮する「弱者の群れ（畜群）」に対して「強者」を守る必要がある、と言っています。「弱者」の方がホッブズ的（P.123）で警戒心が強く、保身にも長けている。ルサンチマンのない「強者」は、ディフェンスが弱い。古代ローマ帝国を発展させ、快進撃を続けたカエサル（P.224〔3〕）は典型的な「強者」で、街を歩く際ガードマンをつけず、愛人の息子らに暗殺されました。「強者」は（ルサンチマンが少ないためにたいてい）バカ・なのです。

〔2〕ニーチェのいう「神は死んだ」現代、超越的な存在（神）が人生の意味を担保しない世界において、ただ喜びと悲しみがきりもなく繰り返される無意味な人生、つまり永劫回帰のニヒリズムを肯定し、生きぬく者のことをニーチェは「超人」と呼びます。

ニーチェが出した

答え

苦痛に対してもそなたたちは語るがよい、過ぎ去れ、しかし帰って来い！と

フリードリヒ・ニーチェ
推薦図書

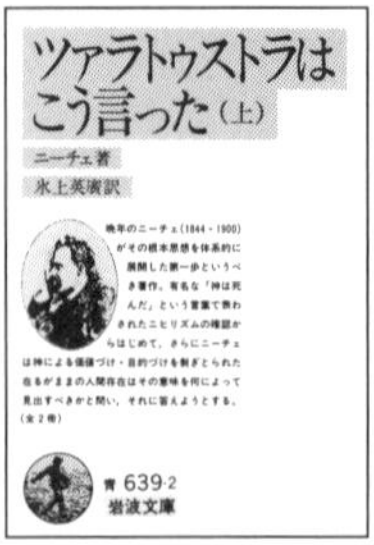
ツァラトゥストラはこう言った（上）
ニーチェ著
氷上英廣訳
晩年のニーチェ(1844 - 1900)がその根本思想を体系的に展開した第一歩というべき著作。有名な「神は死んだ」という言葉で表わされたニヒリズムの確認からはじめて、さらにニーチェは神による価値づけ・目的づけを剥ぎとられた在るがままの人間存在はその意味を何によって見出すべきかと問い、それに答えようとする。（全2冊）
青 639-2
岩波文庫

『ツァラトゥストラはこう言った』 岩波文庫

ドイツ語で書かれた最もうまい、最も衝撃的な文章。主人公のモデルはゾロアスター教の教祖ザラスシュトラ。熱伝導率の高い文体からニーチェのパトスと息づかいが読む者に伝わり、熱く陶酔させられる。絶望や後悔の時にこそ読まれるべき「神なき時代の聖書」。

悩み

自分を他人と比べて落ちこんでしまう

ミハイ・チクセントミハイ
が答えを出しています。

ミハイ・チクセントミハイ　1934-
ハンガリー出身の心理学者。戦争で家族を失った経験から「人生を生きるに値するもの」に思い悩む。ユングの講演で心理学に目覚め渡米。作曲家の創作活動を観察し「フロー体験」を発表。チャレンジとスキルの関係を最適化すれば、誰でもそれを体験できるとする。

初対面の人に自己紹介するときに、名刺を出し合って、その会社名を見て自分が上で相手が下だと思ったり、その逆だと思ったりしたことはないでしょうか。自分の恋人や配偶者を、知らず知らずのうちに友人のパートナーと比較してしまったことはないでしょうか。

こういう場合、一般には、「自分が下で相手が上」だと思って自分に劣等感を感じてしまうことがコンプレックスだと考えられています。そのようなコンプレックスを「劣等コンプレックス」といいます〔※1〕。

注目したいのは逆に、相手が自分に優越感を感じているとしたら、それもまた「優越コンプレックス」といって、**同じ劣等感情の裏返し**であるということです。優越感を抱いている側も、劣等感を抱いている側も、（お互いがどこどこ勤務「である」、どこどこ大学「である」、既婚「である」、お金持ち「である」、美男美女「である」といった）「状態《ステイタス》」を他人と比較することによって、自分の優秀さや恵まれていることのよりどころを求めたり、その逆に自分は優秀でないとか、どれぐらい劣っているか、どれほど恵まれていないかを決めつけ、自分を卑下《ひげ》している点で、**どちらもコンプレックス＝劣等感であることには変わりない**のです。

人間は自分を重要で有能な存在だと感じていたい生きものです。そのこと自体は健全なことですが、（どこどこ大学卒、どこどこ勤務、誰々と結婚しているという）「状態」を他人と比較して、優位・劣位というかたちで自分の有能さを確認しようとすると、そこに不健全なゆがみが生じてしまうのです。

戦後日本を代表する知識人の丸山真男〔※2〕は、社会のありかたを2つに分け、**「である」ことを重視する社会**と、**「する」ことを重視する社会**があると考えました（『日本の思想』）。

たとえば保守的な大企業のような、終身雇用・年功序列の組織（といっても最近それらは崩れてきており、企業内の給与格差も広がりつつありますが）なら、そこの正社員「である」ことや、その会社の重役「である」ことが重視される、「である」型社会だといえます。

逆に、経歴・学歴など関係なく、どれだけのパフォーマンスを上げたかで給料も昇進も決まる、成長期のベンチャー企業のような実力主義の会社であれば、どれだけのパフォーマンスを「する」かが重視される、「する」型社会であるといえるでしょう。

社会のありかただけでなく、個人レベルでみても同様です。ひとりの人間のありかたが、その人がこれまでこういう経歴「である」という**ステイタス**（状態）によって判断されるか、その人がいま何を「している」かという**パフォーマンス**（行動）によって評価されるか、2つのとらえかたがあります。

日本社会は最近、一部では実力主義、能力主義になってきていて、ベンチャー企業の躍進や野心ある経営者の登場で、「する」型の価値観が台頭しています。しかし大多数は依然として、江戸時代の身分制からつづくムラ社会の伝統を受け継いでいるといえます。

「する」＝実力の価値観がまざりながら、それでも「である」＝ステイタスの価値観がいまだ根強いニッポン社会。

それは「おまえは百姓だ、おれはサムライだ、だから頭を地面にひれ伏せ」と、「である」（＝身分）によって人々のふるまいが決まる社会です。その伝統が現代に引き継がれたのが、会合で名刺交換したときに優越感を感じた側が思う、「どこどこ大卒でどこどこ勤務だから、おれはおまえより『上』だ」などという意識ではないでしょうか。

他人と名刺を交換して優越感を感じている人が、自分の有能さを「所属」や「状態」を他人と比較することで証明したがる傾向にあるのは、日本社会の昔からの悪しき慣習です。

一方、行動「する」ことを重視する社会では、そんなこと（その人の過去の経歴や所属がどう「である」か）はむしろどうでもいい。自分の達成感や万能感は何によって得られるかというと、他人のステイタス（状態：「である」）と比較することではなく、**「自分の持てる能力をぎりぎりまで使って、**

クリアできるかできないかの課題に真剣に取り組む」といった**「する」体験の強さ**によって以外にはありえません。

たとえば純粋に実力が支配するものづくりのプロセスでは、他人との比較で優越感や劣等感を感じることなど無意味で、**来た依頼に自分の持てるかぎりの力を出しきれるかがすべて**になります。

その状態こそが心理学者チクセントミハイの提唱する**「フロー体験」**です。「人生をどうしたら幸せなものにできるか」というテーマに生涯かけて挑んだチクセントミハイは、人が生きていることを実感し、自己肯定感を感じられるのは「チャレンジとスキルのバランスがとれている時」であるという結論に至りました。

挫折必至のむずかしい課題は、傷つくことが目に見えていて、最初から萎縮《いしゅく》するだけです。かといって、すでにもっているスキルで処理できてしまう仕事は、能力をわずかしか使わないため、傷つくこともないかわりに、張り合いにも欠けがちです。

「チャレンジとスキルのバランスがとれている」とは、『『できないかもしれないこと』と『絶対にできること』のあいだにある仕事」、つまり、自分の能力でできるぎりぎりの仕事だということです。

チクセントミハイはこのような作業に没頭する状態を「フロー体験」（あるいは「最適経験」）と呼びます。この状態にあるあいだ、人は時間の流れを忘れて没頭します。能力を限界まで使うので他のことに関心がむかわず、そののめりこみから静かな高揚感と幸福を味わうのです〔※3〕。

生きている手ごたえや「自分が有能だ」という自覚は、「フロー体験」のような経験を日々「する」ことによって実感しなければならないのに、そういう経験を久しくしていないので、過去に獲得した「〇〇である」というステイタスを他人と比べてしまう。そのことで怠惰に、お手軽にそれを実感したいという無意識の気持ちが起きてくるのだと考えられます。

仕事や研究などで、ふだんから能力に合った課題に熱中している人は、「フロー体験」を身をもって味わっているので、自分の内部が肯定感や有能感でみたされ、ステイタスを他人と比較するようなことが気にもならないし、必要にもなりません〔※4〕。

「集中して取り組むべき何かをやりとげている時は、同時に自分の存在を感じるほどの注意力は残っていない」

とチクセントミハイはいいます。「フロー体験」をしている間は、他人の存在はもちろん、**自分**

の存在さえも忘れられている。没我《ぼつが》、つまり、エクスタシーの状態にあるのです。

つい他人と自分を比べてしまい、他人に劣っていることが気になるのであれば、我を忘れる「フロー体験」を求め、向いている分野で能力ぎりぎりの課題に取り組む、そういう機会を積極的に求めるのがよいのではないでしょうか［※5］。

〔1〕「コンプレックス」はフロイトもユングも用いた概念ですが、3人とも言葉の意味が少しずつ異なります。「コンプレックス＝劣等感」ととらえるのはアドラー（P.139）。アドラーは人間の行動の動機は優越への意志、あるいは劣等感を克服することであるといいます。これが、努力を尊《たっと》ぶ気質の日本人に最もなじむ「コンプレックス」の解釈となりました。劣等感はものすごいエネルギーを生みます（P.80）。成功者の多くが劣等感のかたまりといってもいいほどで、その猛烈な行動力を駆り立てるぐらい、コンプレックスが燃やす炎は激しいものです。たとえば、戦後を代表する知識人三島由紀夫。かれは幼少期よりひ弱コンプレックスに悩みました。肉体的コンプレックスに悩む青年が金閣寺を燃やす小説を書きながら、自身もボディビルを始めます。その時三島は「人間最後のcomplexの解放が必ず犯罪に終るという悲劇」と書きつけています（『決定版 三島由紀夫全集〈6〉』所収『「金閣寺」創作ノート』）。実際、三島自身もそれと無関係ではない死を遂《と》げました。コンプレックスは壮絶なモチベーション・エンジンともなりますが、翻弄されて破滅しないよう、おのれを適切にコントロールすることもまた大切なことです。

〔2〕丸山真男は太平洋戦争に従軍し、広島で被爆した経験から、自身のキャリアを「どうして日本が戦争に負けたか」についての分析から出発させました（『超国家主義の論理と心理』）。日本社会は「〈つぎつぎとなりゆく〉いきおい」だけで過去の反省を忘れ（『忠誠と反逆』）、戦後日責任をうやむやにする「無責任の体系」と見抜き（『現代政治の思想と行動』）、「タコツボ社会」と言い当てるなど（『日本の思想』）、戦後日

本の知的リーダーとして後世に多大な影響を残しています。

〔3〕 複数の哲学者がチクセントミハイと近い結論に達しています。「人間にとっての幸福」とは「本来その存在者に課せられた機能（優秀性（アレテー））を十全に果たすとき」で、「幸福とは魂がその優秀性に即して活動すること」とするアリストテレス、「人間の能力は使用されることを求めてやまず、人間は使用の成果を何らかのかたちで見たがるものである」とするショーペンハウアーなど。

〔4〕 このことはイギリスの哲学者ラッセルが著書『幸福論』で言っていることとも通じます。「私は徐々に自分自身や自分の欠点に無関心になった。私はしだいに注意を世界の状態、〔…〕外部の対象におくようになった」と。自分が「〇〇である」かではなく、ひたすら興味のある対象に関わって「〇〇する」ことにエネルギーを向けかえることで幸福を感じられるようになったのです。このラッセルの『幸福論』は、アランの『幸福論』、ヒルティの『幸福論』と並んで三大幸福論と呼ばれます。ラッセル『幸福論』の解説によれば、アランが文学的な幸福論を、ヒルティが宗教的な幸福論を説いたとすれば、ラッセルは「人は皆、周到な努力によって幸福になれる」と、現実的で誰にでも到達可能な幸福論を説いたといえます。

〔5〕 近年だいぶ変わってきたとはいえ、日本の社会で「フロー体験」を味わうことは簡単ではありません。三島由紀夫はエッセイ『努力について』（『新恋愛講座』所収）の中でこんなことを語っています。「人間の能力の百パーセントを出しているときに、むしろ、人間はいきいきとしているという、不思議な性格を持っている」。「実は一番つらいのは努力することそのことにあるのではない」。「ある能力を持った人間が、その能力を使わないように制限されることに、人間として一番不自然な苦しさ、つらさがあることを知らなければならない」。「われわれの社会は、努力にモラルを置いている結果、能力のある人間をわざとのろく走らせることを強いるという、社会独特の拷問《ごうもん》についてはほとんど触れるところはない」。そう、三島のいう「われわれの社会」でどうやって「チャレンジとスキルのバランスがいい経験＝フロー体験を味わえる仕事環境」をつくれるか。今度はそれが切実な問題になってくるのです。

チクセントミハイが出した

答え

最良の瞬間は、
困難ではあるが
価値ある何かを達成しようとする過程で、
心身を限界にまで
働かせ切っているときに生じる

ミハイ・チクセントミハイ
推薦図書

『フロー体験　喜びの現象学』 世界思想社

古今東西あらゆる人々が語る体験を「フロー体験」という理論にまとめて実地調査。アリストテレスの「エネルゲイア」（P.22）とも通じる、「何が人生を生きるに値するか」を平明に説く幸福論。「フロー体験」は「人の目が気になる」（P.128）をも解決してくれる。

悩み

他人から認められたい。チヤホヤされたい

ジャック・ラカンが答えを出しています。

ジャック・ラカン　1901-1981

20世紀フランスの哲学者、精神科医。フロイト精神分析の影響を受けつつ、それを構造主義的に発展させた。「人は他者の欲望を欲望する」として編み出した「対象a」「大文字の他者」などの理論は、デリダ（P.257）との論争や幾多の批判を経て今も根強い支持をもつ。

心理学者のマズローが唱えた有名な「欲求の5段階」説があります。このピラミッドでは性欲・食欲・睡眠欲という3大欲求が土台となっていて、その上に身の安全や、所属や愛情の欲求があり、より高級で、ぜいたくな欲望として**「承認欲求」**が位置づけられています。

生理的欲求や安全の欲求が当たり前にみたされる現代、問題となるのは「承認欲求」です。

この怪物、今なお肥大しつづけていると思いませんか？[※1]

背景にあるのは、ネット社会の成熟です。

誰もがネットで自分の考えを発信できるようになった反面、投稿した内容への反響に一喜一憂してしまうように、承認欲求が過剰に刺激され、暴走ぎみになっている側面があります。

SNSという装置は「いま自分はこんな素敵な暮らしをしているから見て」「こんな面白いことを考えているから認めて」といった欲求を最大限刺激するように設計されており、即時《インスタント》的なレスポンスによってそのゲームの勝敗が決定づけられています。

そこでは「認められたい」欲求が**刹那《せつな》的にみたされても、すぐさまその欠乏に悩む**という悪循環におちいりがちです。SNSは承認欲求を健全に充足させてくれる場所であるとはいえません。

ここでフランスの精神分析家、ジャック・ラカンが登場します。

ラカンは人間の承認欲求がいかに幻想に支えられたものであるか、そしてどれだけがんばったところで十分にみたされることがないかということを論じ、ネット時代にうってつけの精神分析理論を説いた哲学者です。

ラカンは、フロイト（P.197）が発見した「無意識」の研究をさらに深め、他者という現実の個人はいわば「小文字の他者」で、それとは別に、無意識の領域に「大文字の他者」というものが存在すると考えました。人間の承認欲求というのは業《ごう》が深いもので、「小文字の他者（現実の個人）」だけでなく、**「大文字の他者」**に認められるという実感を得ることがなければ、十分に満足することができないと考えたのです。

「小文字の他者」の概念はシンプルです。「現実に存在する個人」のこと。自分と同じ時間を生き、現実に存在している個人たち。ネットでいえばすぐにレスポンスをくれる「友だち」や、SNSで「いいね」をつけてくれる親しいアカウントということになります。

一方、「大文字の他者」は抽象的な概念ですが、ひとことでいえば、**象徴的な、大きな他者であり、「神様」**のこと。

実際には存在しないけれど、私たちがついその存在を考えてしまう、大きな権威といいかえることもできるでしょう〔※2〕。

「人も車も見当たらない真夜中の交差点で、つい信号を守ってしまう」のも、「大文字の他者」の効果です。

イスラムの過激派が、何の罪もない人々をその名のもとに虐殺してしまう「イスラム原理主義」みたいな「大義」も、「大文字の他者」の一例です。

１００年後の歴史に残りたいとか、後世の歴史教科書に載りたいといった「高尚」な承認欲求もありますが、これらも「想像された後世の人々」という「大文字の他者」です。

ラカンによれば、そうした**「大文字の他者」に認められないことには、人は真に承認欲求をみたすことができない**のです〔※3〕。

ネットでの即時的なレスポンスでは、たとえある投稿をしてその日に１００件「いいね」がついたとしても、そんな「小文字の他者」の承認は１週間後にはなかったも同然になってしまいます〔※4〕。そうではなく、「１００年後に見知らぬ人が自分の作品を見て感動してくれる」〔※5〕といった、風呂敷をひとまわり大きくひろげたような承認欲求をみたすことこそが「大文字の他者」の承認です。

現在日本美術史で一番人気を誇り、２０１６年に行われた展覧会で長蛇の列ができたことで知られる江戸中期の絵師・伊藤若冲《じゃくちゅう》は、同時代には正当に評価されなかった孤高の画風でした。しかしそれをものともせず、圧倒的な努力を要する画業に打ちこみます。代表作「動植綵絵《どうしょくさいえ》」を相国《しょうこく》寺に奉納した際には、**「具眼《ぐがん》の士を千年俟《ま》つ**（自分の絵の価値が分かる人を1000年待とう）」といったとされます〔※6〕。もっとも、若冲が実際に評価されるまでには没後200年ほどしかかからなかったわけですが。

若冲のように、誰も見向きもしなかったプロジェクトに孤軍奮闘し、長い期間をかけてやりぬく。そうして**オリジナルに創り出した価値こそが真に「大文字の他者」の承認にたえるもの**であり、そのことで**自分でも心の底から満足できる**のです。うわべだけの相互承認を超えた、長期的な価値を生み出さなければ、本当に他人から認められたり、尊敬されることはありません。

エネルギーをひとりで燃えあがらせ、自分では手に負えないぐらいの課題に取り組むこと。そのためには、安易で刹那《せつな》の承認ゲームとは距離をおくことも必要でしょう。つながりすぎのネット環境から離れ、自分の関心を長い歴史の中に置きなおし、知る人ぞ知る資料を求めてひきこもる。そのような地道な行為が求められるのです。

それは非効率もいいところでしょう。傍目《はため》には変人に映るかもしれません。しかし熱中している当人にしてみれば、孤独で地味ではあっても、時を忘れるような愉快な行為なのです。たとえば哲学者スピノザ（P.147）は、現代の聖書といわれる『エチカ』を生前に発表することなくせっせと書き残しました。彼は「お金や性欲や見栄が気にならないぐらい、本当に楽しいと思う作業をみつけた」と言っているほどです。

スピノザのように人が何かに向けて熱中できるその理由を、ラカンの先達《せんだつ》である哲学者ヘーゲル（P.171）はこう説明しています。

長大で難しい事業を進めるとき、ラカンのいう「大文字の他者」と同じ働きをもつ「ことそのもの」が内面化するのだと。

これは、どういうことでしょうか。

「ことそのもの」とは、人が取り組むその事業やプロジェクトのこうあるべきだと思う姿、あるいは理想形のこと。当事者の頭の中にそのイメージがあり、そのイメージと一体化したいという思いにみちびかれて、人は作業に専念できるのです。

ヘーゲルは神なき時代に人が虚《むな》しい気持ち（ニヒリズム・P.89(2)）におちいることなく、近代（モダン）を発展させていくプロセスをこのように解き明かしました。神にかわって**理想像を追い求め、各ジャンルの表現が洗練される終りなきプロセスこそ、現代人が生きがいを求めることのできる道**です。

気が遠くなるほど途方もなく、だれがほめてくれるかもわからないような事業に、やれるところから着手する。自分の中に内面化した「大文字の他者」＝「ことそのもの」をめざし、トライアンドエラーを繰り返しながら熱中し、みごとやりとげたとき。「小文字の他者」である現実の他者の

承認は、あとから勝手についてくるのです。

〔1〕現代を代表するスロベニアの哲学者スラヴォイ・ジジェクは、次のようなユーモラスでエロティックな例を挙げています。男性がものすごくきれいな有名女優と無人島で2人きりになったとします。それで仮にセックスできたとしても、その男性はそれでは満足しない、と。当のその女優に自分の顔にサインペンでヒゲを描いてもらって、その男性の男友だちを演じてもらい、男性が「彼」を相手にその女優とセックスしたことを自慢するというロールプレイができて、はじめて満足するのだと。ジジェクは「セックスはつねにどこかかすかに露出狂的であり、他者の視線に依存している」といっています。性欲の満足には、承認欲求の満足も大きくかかわっているというわけです。

〔2〕文化人類学者クリフォード・ギアツがインドネシア・バリ島の闘鶏《とうけい》を取材した民族誌《エスノグラフィ》のフィールドワーク『ディープ・プレイ』があります。ギアツはそこで、闘鶏に熱狂する男たちが賭博をする際、闘う鶏に自分を感情移入させ、同一化するだけでなく、ギャンブルという論理だけではとらえきれない奥深い領域にふれることで、鶏と鶏が闘うこの世界を支配する「見えない大きな存在」を感じ、それとも一体化するのだ、という指摘をしています。それはいってみれば、「勝負のゆくえは神のみぞ知る」の「神」でしょう。「大文字の他者」を生々しく感じる、リアルで直接的な実例です（植島啓司『運は実力を超える』より）。

〔3〕ラカンによれば、人間の欲望は「大文字の他者」に認知されることだとのべましたが、正確には人は、現実の他人の欲望の中にいる、私やその他人を超えた大きな存在（大文字の他者）から見た自分を追求します。
このことを数学で表現すると、x＝自分、Y＝現実の他人とすると、$y/x = x/x+y = \alpha$。この式を解くと$\alpha = \sqrt{5}-1/2$。

この数字はあの黄金数（黄金分割比）となり、これ（対象a）を他者の中に見出したとき、たとえば、自分がある仕事にこめた意図を完璧に読みとり、評価してくれる現実の他人があらわれたとき、人ははじめてみたされるというわけです。しかし、$\sqrt{5}-1/2$の値が無理数であることからもわかるように、その道のりは簡単なものではありません（新宮一成『ラカンの精神分析』より）。

〔4〕ラカンと軌《き》を一にするようにして、「人間の欲望は、他者の欲望の模倣である」といったのは米スタンフォード大学の人類学者ルネ・ジラールです。ジラールの影響を受けた起業家・投資家に（フェイスブックに最初に出資したことで知られる）ピーター・ティールがいます。ティールはジラールの理論から「人は承認を求めて他人と同じ土俵で競争することで、本当に大事な真実を見失ってしまう」、よって「誰もがAだと信じているけれど真実はB」つまり「コントラリアン（逆張り）」を自らの行動指針とし、テスラ・モーターズのCEOイーロン・マスクと競合（のち協業）し、トランプ政権の支持に回るなど、IT経済の本場・米西海岸で独特な影響力のある地位を築きました。彼はSNSに一喜一憂する才能ある人びとについて、こうコメントしています。「空飛ぶ車が欲しかったのに、手にしたのは140文字だ」と。

〔4・5〕ラカンの理論をふまえた浅田彰氏の発言より引用しています（蓮實重彦×浅田彰対談『「空白の時代」以後の二〇年』（「中央公論」2010年1月号）、浅田彰×福田和也対談（「SPA!」2014年2/11・18合併号など））。浅田氏は折にふれて、ネット時代の若い書き手がSNSでの反応を気にしすぎて、時代を超えた大きな仕事ができなくなることを危惧しています。

〔6〕ヘロドトスと並び称せられる古代ギリシャの歴史家トゥキュディデスもまた、ソクラテス死刑の遠因ともなったペロポネソス戦争（P.246）開戦までをまとめた『歴史』（この英訳がホッブズ最初の著作となった）において、こう宣言しています。「私の記録からは伝説的な要素が除かれているために、これを読んで面白いと思う人はすくないかもしれない。しかしながら、やがて今後展開する歴史も〔…〕相似た過程を辿《たど》るのではないか、と思う人々がふりかえって過去の真相を見つめようとするとき、私の歴史に価値を認めてくれれば十分であろう。この記述は、今日の読者に媚びて賞を得るためではなく、世々の遺産たるべく綴られた」と。こちらは2400年たった今も、人類普遍の書として読み継がれています。若冲もトゥキュディデスも、その当時の人々＝小文字の他者だけを相手にしなかったという点、まさにそのことによって後世に残った（大文字の他者に承認された）点で、共通しています。

ラカンが出した

答え

人間は
「小文字の他者」でなく、
「大文字の他者」に承認されて
はじめて満足する

ジャック・ラカン
推薦図書

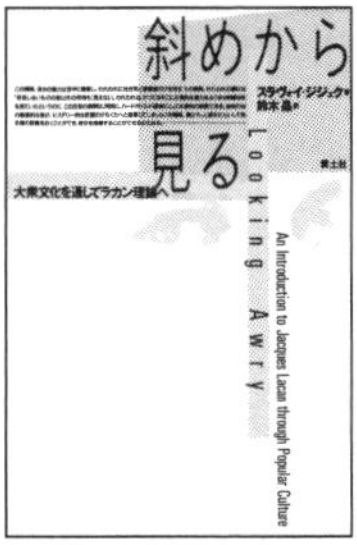

『斜めから見る（ジジェク）**』** 青土社

ラカン本人の著作は難解なこともあり、新宮一成の『ラカンの精神分析』をはじめすぐれた解説書は多数あるが、まず「世界で最もイケてる哲学者」ジジェクによるラカン入門を読まれたい。ヒッチコックら名作映画の分析を通じて、ラカンの精神分析を興味深く繙《ひもと》く。

悩み

ダイエットが続かない

ジョン・スチュアート・ミル
が答えを出しています。

ジョン・スチュアート・ミル　1806-1873
イギリスの哲学者。父の友人であり「快楽計算」でも知られるベンサムの「量的功利主義」の考え方を批判的に継承し、「質的功利主義」を説いた。父と同じくイギリス東インド会社に勤務。社員当時のインドでの発見が、マルクスの『資本論』にも影響を与えている。

産業革命期のイギリスで提唱された、**「功利主義**（utilitarianism）**」**という哲学があります。

「生み出される幸福の量が増大する行動こそ正しく、苦痛の量が増大する行動はまちがっている」と考える哲学です。「正しさ」や「よさ」よりも快楽や苦痛の量、内面やプロセスよりも結果を重んじる、ある意味現金な哲学。

経済が発展し、人々の生活が豊かになった時代を反映する哲学だけあって、人は理性やモラルではなく、快楽と苦痛によって生きているという、身もふたもない人間理解を土台にしています。

これは、欲望に突き動かされる現代の私たちにも通じる考えかたではないでしょうか。

功利主義のベースとなったこの考えかたを導きの糸にしましょう。すると、「ダイエットが続かないこと」「ダイエットをサボること」もまた、一種の快楽だということになります。

甘いものや夜食をがまんせずに食べる快楽、というのは強烈なものがあります。やせようと心に決めたものの、どうしても、この深夜にラーメンが食べたい。そういう強い欲望はときに、「自分はやせるのだ」という理性のはたらきや、「夜食は太る」という知識をこころに呼び起こせなくする。それほど強い快楽だからしょうがない、というわけです。

「正しさ」や「善《よ》さ」を追求する哲学の伝統をうちやぶり、人間本来のありかたに迫り、快楽というものの強さを重く見た功利主義哲学。その提唱者ベンサム（P.132）の考えかたを19世紀イギリスの哲学者J・S・ミルは深化させました。快楽にはしかし、「量」だけではなく、「質」というものがあるのだと。そして、**人は2つの快楽が目の前にあるとき、「質」の高い方を選ぶ**というのです。

「高級な快と低級な快」をどちらも知り、どちらも感じられ享受できる人々が、自分の持っている高級な能力を使うような生活態（＝高級な快）をきっぱりと選びとることは疑いのない事実である。動物の快楽をたっぷり与える約束がされたからといって、何かの下等動物に変わることに同意する人はまずいないだろう。（『功利主義論』第二章より一部改変）

同じ快楽といっても、快楽には「質」がある。食べたいものをがまんせずに食べてしまうレベルの低い・動物的な快楽に対して、高いレベルの快楽があることを知っているならば、後者の快楽を人は選ぶ、とミルはいっています。

ダイエットでいえば、目の前の甘いものや深夜のごちそうをがまんすることで得られる快楽というものがあるならば、それが**「高級な快楽」**ということになるでしょう。それは食事を減らして、ぽっこり出たおなかをひっこめることで「ひきしまった肉体の自分になれた」という達成感でもあるでしょうし、「ダイエットすると決めた自分との約束を守れた」ことで得られる自信（自分への信頼）でもあるでしょう。

なぜミルは、**レベルの高い快楽を知る者は低い快楽を選ばない**、といえたのでしょうか？「人は理性によってではなく、快楽によって生きている」という前提に戻れば、高級な快楽の方が、低級な快楽よりも快楽が強いからでしょうか？　目の前のおいしいものの誘惑に負けるより、苦しくてもなりたい自分になれた達成感の方が快楽が強いといえば、話としては美しい感じもします。しかし本当に、からだをしぼった自分にうぬぼれることの快楽は、目の前のごちそうを断《た》つに足る強烈さを持っているといえるのでしょうか？

ミルはこういっています。

下劣な存在に身を落としたくないというためらいについては、なんとでも説明できるだろう。［…］だが、それにいちばんふさわしい呼び名は、尊厳の感覚である。人間はだれでも、なんらかの形で尊厳の感覚をもっており、高級な能力と、厳密にではないが、ある程度比例している。この感覚が強い者にとっては、これ（尊厳）と衝突するものは、瞬時をのぞけば、まったく欲求の対象となりえないほど、その人の幸福の本質をなしている。（『功利主義論』第二章より一部改変。傍点引用者）

人は、ひとたび高いとされる快楽を知ると、低い快楽に戻ろうとは思わなくなる。高い快楽を知る者は「低い快楽で満足する下劣な存在」に身を落とそうなどとは考えなくなる。それはなぜか。**自分は高い快楽を知っているという「尊厳《そんげん》」、**つまり**プライドがあるからだ**とミルはいいます。

そのプライドが、目の前にあるカロリーたっぷりの甘いものや脂っこいものを我慢させるのです。目の前の欲望を一度でも我慢して、その結果「なりたい自分」という高みにのぼりつめる経験をした自分自身へのプライド。それを記憶に刻みつけたことが、目の前の誘惑を我慢させる支えになります。そのことをミルは有名な次のたとえで語っています。

満足した豚であるより、不満足な人間であるほうがよく、満足した馬鹿であるより、不満足なソクラテスであるほうがよい。そして、もしその馬鹿なり豚なりがこれとちがった意見をもっているとしても、それは彼らがこの問題について自分たちの側しか知らないからにすぎない。この比較の相手方(不満足な人間)は、両方の側を知っている。(同)

ダイエットが続かないのなら、ダイエットを一度でも、意地でも続けて、やせてみたことがあるという成功体験があることが必要になります。その成功体験が自分に「低級の快楽」を我慢させ、ダイエットを続けさせることになるプライドを与えるのです。

では、「今まで一度もダイエットに成功したことがない」という人はどうしたらいいのでしょうか?

ミルの理論にしたがえば、ダイエット以外で**目の前の誘惑を我慢して、何かをやりぬいた成功体験を思い出せばいい**のです。これまでにきっと、誘惑に打ち克《か》って何かをやりとげた経験があるはずです。そこで得たプライドを思い出して、今晩あなたを襲う甘い誘惑をきっぱりと断《た》ってみてはいかがでしょうか。

ミルが出した

答え

下劣な存在に身を落としたくないというためらいにふさわしい呼び名は、尊厳の感覚である

ジョン・スチュアート・ミル
推薦図書

『自由論』 岩波文庫

ミルの功利主義哲学は「最大多数の最大幸福」のベンサムとは一線を画し、女性の参政権を主張、植民地の黒人を擁護するなど、多数派に虐《しいた》げられる少数派を尊重する哲学。3歳でギリシャ語など、父に施《ほどこ》された超英才教育とその反動を綴《つづ》る『ミル自伝』も興味深い。

悩み

常に漠然とした不安に襲われている

トマス・ホッブズが答えを出しています。

トマス・ホッブズ　1588-1679

17世紀イギリスの政治哲学者。ピューリタン革命の議会派に迫害され、亡命先のフランスで『リヴァイアサン』を書き上げる。恐怖と生き、恐怖をライフワークとした。冷徹な人間観は近代哲学の嚆矢《こうし》。性善説（憐れみ）に立つルソーとともに、社会契約説の祖とされる。

今の仕事は、本当にうまくいくんだろうか。誰かに足を引っぱられたり、他人に先を越されたり、締め切りに間に合わなかったりするんじゃないだろうか。会社の人たちは私の陰口を言っていて、私を仲間はずれにしてはいないだろうか。好きな人は今、何をしているんだろうか。仕事といってはいるけど、本当は誰かと会っていて、今ごろその人と寝ていたりしないだろうか。

そう考えて、夜もおちおち寝つけない。休みの日でさえ、心から安心できない。リラックスしているようで、頭のどこかでたえず、仕事のことや人間関係のことが引っかかっている。

現代人の多くが、そんなもやもやを抱えて生きているのではないでしょうか。自分もたまには自由な気分になって、不安をゼロにできたらどんなにいいだろう、と。

ところが、人間とは本来そういうものだ、という哲学者がいます。17世紀イギリスの哲学者トマス・ホッブズです。**人間の感情において最も根源的なのは恐怖であり、不安であると。**

これは一体、どういうことでしょうか。

ホッブズによれば、人間というものは、ただ自分がいい思いをするため、自分が幸福になるためだけに生存する身勝手な生きものです。しかも、個々人にそのための力量の差があるわけではなく、チャンスはまったくの同条件（平等）であるというのです。

だからこそ、お互いに命や財産が奪われるんじゃないか、他人に出し抜かれるんじゃないかと、

いつだってびくびくしている。そういう状態こそ、人間本来の姿、つまり**「自然状態」**なのだとホッブズはいいます。

ホッブズの生きた時代のイギリスは、ピューリタン革命の真っ最中にありました。主権は国王一派で確保すべきという王党派と、民主的でひらかれたものにすべしという議会派が鋭く対立していました。ホッブズの「自然状態」は、血で血を洗う戦争状態を彼がまぢかで見てきたからこその、リアルな迫力のこもった人間観です。

暴力的で野蛮な「自然状態」においては、たとえ非凡な力をもつ人間でも、弱い者たちが束になってかかれば寝首をかかれます。誰もがいつだって「非業《ひごう》の死」の危険性をかかえている。相手を欺《あざむ》き、出しぬくことだけが美徳であるような、一億総にらみ合いの状態。自分以外はすべて敵。疑心暗鬼で、おちおち眠りをむさぼっていては殺される。おのれの腕っぷしだけが恃《たの》みであるような、万人の万人による戦争状態。

この状態の中での「死ぬまで続く恐怖」と、「常時恐怖にさらされていたら身がもたないから、お互い刺し合うのはやめにしましょう」という「理性的な打算」が、人々が戦争状態を調停するきっかけになる、とホッブズは考えました。

そこでみんなが、あるひとりを自分たちより頭ひとつ抜けた「主権者」とし、その人に自分たちのすべての権限を明け渡して服従するかわりに、身の安全を保障してもらい、各自にらみ合いの戦争状態を脱する。これが「社会契約説」です〔※1〕。

「頭ひとつ抜けたえらいひとり」が、権威を帯びた王様の場合もあれば、多数の人が集まって多数決で物事をきめる合議体である場合もあります（ホッブズが支持したのがこの、ひとりによる「王制」なのか、複数による「共和制」なのかはっきりしなかったことが、革命関係者に目をつけられた原因だとされています）。

後者の、多数の人間によって構成され、「国家」という人格をもつ「人々の合議体」のことを、ホッブズは旧約聖書の『ヨブ記』に登場する怪物リヴァイアサンになぞらえました。かれの主著『リヴァイアサン』の扉絵には、全身を国民という鱗《うろこ》に覆《おお》われ、剣と牧杖《ぼくじょう》を掲げた怪物が描かれています。世俗と宗教の権力を統合した国家主権のシンボルを擬人化してみせたのです（P.127）。

ともあれ。自分以外のすべての他人が、自分の幸福や野心の追求をおびやかしてくる。そんな、「人が人にとって狼（homo homini lupus）」であるような自然状態＝戦争状態における**「恐怖」こそ、人間の根源的な感情である**というホッブズの人間観は、現代にも通じるリアルさを持ってはいないでしょうか。

ホッブズはスペイン艦隊襲来の噂におびえた母が早産して生まれたので、自分は恐怖とともに生まれたのだといいます。そして**「わたしの生涯の情熱は、恐怖であった」**といっているように、彼はこの「恐怖」ひとつで、野蛮な戦争状態から近代的な国家統治に至る、人間社会発展のストーリーを組み立ててみせたのです。それは、陰惨《いんさん》で終りの見えない内戦の只中《ただなか》に生きた彼が、心の底からその終結をねがってのことでした。

いま、国や法律による統治のはるか先を行くかたちで、デジタル経済が発達する時代をむかえています。SNSによって「相互監視」が容易になり、有名になった人を叩き、炎上させ、社会的に抹殺することがたやすくなった現代は、500年前にホッブズが描いた「自然状態」と相通じるものがあります。

現代の「自然状態」で生きるルールを、シリコンバレーという熾烈《しれつ》な競争の場を生きぬく企業のCEOの言葉を借りていえば、**「病的なまでの心配性だけが生き残る**（Only the Paranoid survive.）**」**ということになりますが、これはまさにホッブズです。

成功に浮かれていたら、失脚してしまう。舞い上がっていたら、足元をすくわれてしまう。であるならば、油断もせず慢心もしない。腰は低く、敵はつくらず、脇が甘くなっていないか、たえず前後左右を点検する。そのような「恐怖の力」は生きながらえる上で不可欠であり、現代もホッブズの語る自然状態と変わらず、**「臆病であること」が生き残るための条件**なのです。

ですから、人生をうまくいかせよう〔※2〕という人にとっては、不安で頭が一杯なことはむしろ標準状態《デフォルト》であると腹をくくる必要があるでしょう。本当にこれで大丈夫か、びくびくしながら生きていることが明日の繁栄を支えるのだと〔※3〕。

〔1〕もう一人の社会契約説の祖である啓蒙思想家ジャン・ジャック・ルソーにとっての「自然状態」とはホッブズのちょうど逆でした。原始の自然状態にあって人は他人に対するあわれみと善意の心を持ち、お互いに困ったら食べ物を分けあい、助けあう文化だったとルソーは考えます。しかし所有制度がはじまり、人が「ここからここまではおれの土地だ！」と線引きするようになってからおかしくなった、陣地の取り合い、縄張り争いが起きて戦争状態が生まれたのだとルソーは断じます。自然状態をよきものと見、「自然に帰れ」という考えかたからルソーが打ち出したのが「直接民主制」で、それがのちのフランス革命を支える思想的基盤となるのです。

〔2〕古代ギリシャの哲学者エピクロス（P.248）は、「藁《わら》の寝床の上に寝ていても平然としていられる方が、黄金づくりの寝台とぜいたくな食卓をもちながら平静が乱されているよりもよりよいことだ」と説いています。社会的に成功した有名人は、週刊誌のスクープやネットの炎上を恐れねばならず、心配事でかえって幸せとはいえない状況も招きうるのです。彼らにも、彼らなりの悩みがあるのです。

〔3〕ホッブズは当時では珍しく91歳の長寿を全うしました。彼は大声で歌を歌うことを長生きの秘訣と考え、日課にしていました。が、歌声に自信はなかったらしく、臆病にも周囲を点検し、ドアをしっかりと閉めてから歌っていたそうです。

ホッブズが出した

答え

わが生涯における唯一の情熱は、恐怖であった

トマス・ホッブズ
推薦図書

『リヴァイアサン』 岩波文庫

人間の自然状態をリアルにとらえる近代的なまなざしで、ネガティヴな人間不信からポジティヴな平和が立ち上がるダイナミズムを物語る。余談だが表紙の「無数の人間の集合で人造人間をかたちづくる」扉絵は、江戸の浮世絵師・歌川国芳も好んで描いた画題である。

悩み

人の目が気になる

ミシェル・フーコー
が答えを出しています。

ミシェル・フーコー　1926-1984
20世紀フランスを代表する哲学者。知的権威の中心コレージュ・ド・フランスで、西欧の知と権力を「外」から批判的に分析。『監獄の誕生』では規律訓練、『知への意志』では生権力を明らかにした。「自己からの離脱」を信条に変化し続け、晩年は生存の美学を説く。

本当に興味のある仕事より、ネームバリューのある大企業に入ろうとしてしまう。結婚相手を、家柄とか経歴とか、世間体で選んでしまう。正直行きたくない会社の行事に、つい参加してしまう。私たちにはこんな傾向がないでしょうか。

自分がまわりからどう見られているか、他人の目や世間の評価を気にしてしまい、自分らしく生きられない。世間体を気にして、本当はやりたいと思うことを、思うようにやれない。

なぜ人は、人の目が気になるのか。自分の素直な気持ちより、人の目を気にする行動をとってしまうのか。

この悩みにアプローチするために、ミシェル・フーコーの生涯とその思考を追ってみましょう。フーコーは、他人の視線が人間のありかたや言動にどう影響を与えるかについて歴史的に分析した、現代フランスの哲学者です。

フーコーは若いころから、優等生でありながら同性愛者であることに悩んでいました。エリート意識の高い仲間との関係に息苦しさを感じたこともあって、不安定で苦悩にみちた学生時代をすごします。

フランスの最難関であるエコール・ノルマル校時代には、同性愛者であることを差別されたことがきっかけで、2度にわたり自殺未遂をおこしています。

その際、苦しみを救ったのは同校の教師で哲学者のルイ・アルチュセールです。悩めるフーコーのために保健室に個室を確保してやり、**「病は仕事で克服せよ」**と助言したといわれます。それ以降、彼は全身全霊で仕事に集中するようになります。

大学に就職後、最初の著作『狂気の歴史』を書き、『言葉と物』がベストセラーとなって時代の寵児《ちょうじ》となり、やがてフランスの学問の頂点コレージュ・ド・フランスの教授に就任すると、サルトル（P.75）以後のフランスを代表する知識人として多岐にわたる業績を残しました。

フーコーの仕事は大きく3つの時期に分けられます。

初期は『言葉と物』でその時代を支配する「知の枠組み」の分析、後期には『性の歴史』3部作で「自己」の生存の美学を語ります。その間の中期では『監獄の誕生』や『知への意志』で、個人を監視する近代の「権力」のしくみについて、徹底的な分析をおこないました。

フーコーは囚人たちをまとめて一斉に監視するしくみである「**パノプティコン**（pan《すべてを》-opticon《見る》：一望監視装置）」システムに目をつけ、これを近代の国家権力の典型的なしくみであるととらえました。（次ページの［写真］の通り）「パノプティコン」とは、円形にとりまく独房の中心に監視塔が高くそびえ、その中に監視人がいて、ぐるりと周囲を監視する設計になっています。

しかし実は、監視塔にはマジックミラーがはりめぐらされており、監視人がいるのかいないのか、

写真：アフロ

近代のパノプティコン・システム

独房に入れられた囚人たちからはよく見えません。仮に監視人がいなくても、**「見られている」という意識が、囚人たちをして自分で自分を縛りつけさせる**ことになります。

この建築構造は、哲学者のベンサムが「社会全体の幸福をふやすには、犯罪者や社会不適合者の幸福を底上げしなければならない」という功利主義（P.114）的な理念にもとづいて構想したものです。

ところがフーコーはその意味を読みかえます。このパノプティコンこそ、近代以降の人びとを支配する権力のありかたの象徴であり、**「見えない他者」を気にして自分の行動を束縛する現代人の生きかた**のモデルである、と喝破《かっぱ》したのです。

人は他人の目を気にして生きている。やがて他人の目を自分の中に「内面化」する。実際に他人が見ていなくても見ているように思いこみ、自分で自分を監視するようになる。

そして自分のとる行動がへんでないか、まともかどうかといった基準で、自分で自分の行動をコントロールしてしまうという近代人の心理構造をフーコーは描き出しました。

特に「みんなが同じように行動しなければいけない」という暗黙の圧力（空気）が強い日本社会では、その傾向が顕著です。出る杭は打たれる。他人と違ってはダメ。他人と一緒であるべく、自分で自分をコントロールすることを暗に強制する社会といえるでしょう。学校の授業で「質問を」といってもなかなか手があがらないように、ルールではNGとされていないことでも、勝手に「空気を読んで」自粛してしまう**「同調圧力《ピア・プレッシャー》」**の社会です。

人びとを自縄自縛《じじょうじばく》するよう仕向ける権力装置を批判的に分析したフーコーは『知への意志』を刊行後、8年もの間、謎の沈黙を通します。何を語ってもすべては権力。しかもそれは権力を握る特定の誰かがいるわけではなく、人びとのあいだにすみずみまで浸透しているような「悪魔的」な権力の下にあるのではないか（「生－権力」といいます）という、ある種の袋小路（ニヒリズム）におちいったと考えられています。

その後に転機が訪れます。フーコーはカリフォルニア大学バークレー校に招聘《しょうへい》されると、アメリカ西海岸の明るい陽光の下、ゲイ・コミュニティでの奔放な経験から、古代ギリシャ人・ローマ人の**「自己が自己をうまく統御《とうぎょ》**（抑圧、ではなく）**して生きる」**道徳《モラル》を参照するようになります〔※1〕。そして1984年にエイズで亡くなるまで、人間のあるべき生存のありかたをさぐる仕事を遺《のこ》しました（『性の歴史』3部作）。

晩年のフーコーはそこで**「懸命になって『ゲイ』にならなければならない」**というスローガンを提唱しています（『同性愛と生存の美学』）。

もちろんこれは、みんな性的に《ゲイ》になろう、ということではありません。《ゲイ》を当時まだ社会に押しこめられていた生のありかたのモデルと考え、現在の社会の枠組みを組みかえ、いまだない新しい他者との関係を生み出そうということです。

ですから「人の目が気になる」ことに対し、フーコーの哲学からいえることはこうです。

いま世の中を支配している常識や「空気」、周囲の目線が、どのような根拠にもとづいているものなのか、歴史的な視点から疑うこと。そして自分の能力や魅力を、可能なかぎり自由に発揮できるように、身近なところから常識を変える勇気が求められているということです〔※2〕。実際、21世紀に入り、多くの欧米諸国で同性愛の結婚が公に認められるようになりました。

伝統的な常識にしばられがちな世間や周囲のおかしいところと折り合いをつけ〔※3〕、何よりも世間体や他人の視線を気にしてしまう自分を統御《とうぎょ》しながら、**勇気をもって自分のもつありようを**

自由に発揮させて生きていく努力をしていくべきではないでしょうか。そういう考えかたが、フーコー没後30年を経たいま、社会全体で追い風になってきています。

〔1〕晩年のフーコーが参照したのは、古代ギリシャ・ローマの性欲に関する道徳《モラル》です。古代ギリシャ・ローマ人にとって性愛とは、快楽を自ら節制し、自己を統治することで、他人に対する高貴さを示す、ある種のゲームでした。人の目を気にするのでなく、法やタブーで自分を律するのでもない。自分の性欲を自由に展開させながら、恋愛対象との相互的・対称的な友愛（動詞の「態」でいえば「能動態」でもなければ「受動態」でもなく、「中動態」的なありかた）によって、「このへんだと行きすぎだな、このへんで折り返そう」というように、自分の基準や節度をおのずから発見するという生存の美学です。自己を統御し、よりよく練り上げること自体に、性的快楽をむさぼるよりも安定的な快楽を見出すという生の倫理《エチカ》でした。

〔2〕自分がおかしいと思うことをおかしいと言い、生きたいように生きようとすることとは、晩年のフーコーがキーワードにしたギリシャ語「パレーシア」と通じるものがあります。「パレーシア」とは「包み隠さず真理を話す勇気」のこと。この「パレーシア」の元祖は、それをしすぎてあやうく奴隷に売られかけたプラトンであり、何よりもあのソクラテス（P.241）です。

〔3〕某国立大学助教授の肩書きを捨てて小説家一本の道を選んだ森博嗣は、エッセイ『自由をつくる 自在に生きる』の中で、「非合理な常識よりも、非常識な合理を採る。それが自由への道である」という言葉を残しています。

フーコーが出した答え

懸命になって「ゲイ」にならなければならない

ミシェル・フーコー
推薦図書

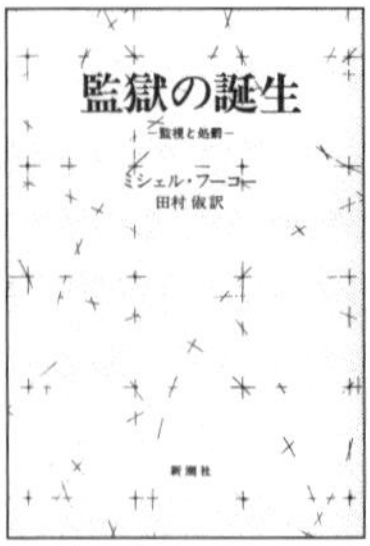

『監獄の誕生』 新潮社

フランス語の濃厚な文体と考古学的な射程で、現代人の生きづらさを解き明かす名著。盟友ドゥルーズ（P.55）が整理したように、現代人は国家による「規律訓練型権力」に加え、資本主義による「生-権力」（環境管理型権力）の影響下にもある。『知への意志』も参照のこと。

人間関係

HUMAN RELATIONS

部屋でじっとしていればいいのに、そうできない。
そのためにわざわざ自分で不幸を招いている。

ブレーズ・パスカル（哲学者）

悩み

友人から下に見られている

アルフレッド・アドラー
が答えを出しています。

アルフレッド・アドラー　1870-1937

ユダヤ人としてオーストリアに生まれる。ユダヤ人街病院での経験から「個人心理学」を創始。師事のち訣別したフロイトらと並び、20世紀を代表する心理学者。「劣等感」を人間理解の基礎に置き「共同体感覚」を鍵概念とする。近年『嫌われる勇気』で脚光を浴びる。

あの人のあの態度はなんなんだろう。

なぜ、私は人からバカにされ、ナメられ、下に見られなきゃいけないのだろう。

自信がなくなる。生きているのがつらくなる。


ささやかなようで、本人にとっては生死を分ける人間関係の悩みです。悩みの緩和や深い人間理解には、哲学と近しい学問を見ておくことも役立ちます。


ここではフロイトやユングと並ぶ、アドラーの個人心理学を見ることにしましょう。

ロングセラー『嫌われる勇気』で脚光を浴びたアドラー心理学の真骨頂といえるポイントは2点、「共同体感覚」[※1]と**「課題の分離」**です。「課題の分離」は、『7つの習慣』など自己啓発書の古典にもとりいれられた重要な考えかたで、職場や学校で「下にみられる」や「バカにされる」、場合によっては学校を主とした「いじめられている」問題にも応用できるものです。


アドラー心理学では基本的なアプローチとして、なにごとも「これは誰の課題なのか?」という観点から考えを進めます。

たとえば、会社で上司と部下の間をめぐって「部下が自分のデスクの上を片づけない」という課題があるとします。「デスクの上を片づける」は誰の課題でしょうか? 部下がゴミ屋敷のようなデスクの上を片づけるかどうか。あるいは散らかしっぱなしにするか。これは「部下本人の課題」であって、上司の課題ではありません。デスクの上を片づけることは部下が判断すべきこと（または片づけないと決めること）であって、上司がそれを気にしてもしかたがないのです。

上司が「デスクの上を片づけなさい」と命じるのは、他者の課題に対して土足で踏みこむ行為であるとアドラー心理学は断じます。他者の課題に土足で踏みこむようであっては、摩擦《まさつ》を避けることはできません。

あらゆる対人関係のトラブルは、このように他者の課題に踏みこむこと、あるいは、自分の課題に踏みこまれることによって起こるとアドラー心理学は説きます。

「これは誰の課題なのか？」という視点から、**どこまでが自分の課題で、どこからが他者の課題なのかを冷静に見極め、線引きする。**

その上で「他者の課題には立ち入らず、自分の課題には誰にも立ち入らせない」。この「課題の分離」ができるだけで、対人関係の悩みは改善するとアドラーはいいます。それだけ画期的な視点だというのです（岸見一郎・古賀史健『嫌われる勇気』）。

では、「なぜ、この私が人からバカにされ、下に見られるのか」。

このような悩みに「課題の分離」を適用すると、どうなるでしょうか？

結論からいえば、「下に見られたくない」と願うのは自分の課題かもしれませんが、「わたしのことを下に見てくるかどうか」は他者の課題だ、ということです。

自分を下に見てくる人がいたとしても、自分はそこに介入することはできないし、止めさせることもできない。だとすれば「下に見てるヤツは勝手に下に見させておけばいいじゃないか」というように、他人の課題と自分の課題を切り分けられれば、問題は起こらないのです。

つまり、下に見られること自体が問題なのではなく、下に見られることを自分の課題であるかのように気にしてしまうこと、**他人の課題が自分の課題であるかのように錯覚してしまうこと**が問題なのです。「他人の課題を勝手に背負いこむから苦しくなるのだ」とアドラーは言っています。

下に見てくる人は、下に見ることでしか生きられない何かをかかえている人です。優越コンプレックスや劣等コンプレックス（P.94）をかかえているのか定かではありませんが、それはその人自身の課題です。

あなたはあなたで、下に見られることを自分の課題として「内面化」させてしまうぐらい自信がないのであれば、それはあなた自身の課題です。まだまだ改善したり、努力すべきことがあるのかもしれません。特に対人面で発展途上の部分があるのかもしれません。あるいはそれは、よい面の裏返しであるのかもしれません。
いずれにせよ、それはあなた自身の課題であって、その人の課題ではない。つまり下に見ている相手と自分は、実は関係がないのです。下に見ているその人にはその人なりの課題があり、それとは別に、あなたにはあなたの課題があるということです。

アドラーはまた、「人は自分に価値があると思う時にだけ、対人関係の中に入っていく勇気を持てる」といっています。そうであれば、あなた自身はまず、自分が外の世界で下に見られることに動じない、それだけの内面を充実させる必要があるかもしれません（※2）。それができれば、「課題を分離する」ことができるのではないでしょうか。

課題の分離ができている心理状態とは、**「自分ができることは努力すべきだが、どうにもできないことはどうにかしようとしない」**ということです。そうなれば、下に見られたその日はそのことを気にはしても、いつまでも意に介さなくなるはずです。

それでも、自分の課題と他人の課題がどうしても引きはがせず、息苦しさを感じてしまうときもあります。

たとえば、ひどいいじめに遭《あ》い、「私は生きている価値がないんだ」と追いつめられてしまったとき。そんなときは、両者を自分から無理やり引きはなすために、その環境から思いきって逃げてしまった方がよいのです。

「より大きな共同体で考えればいい」とアドラーがいったように、学校や会社に無理に行くことは考えず、とにかくシェルターのような場所（図書館でもどこでも、居心地のいい特別な場所）に逃げこんで、生き延びることです。今いじめられている苦痛の最中にあるならば、死ぬことを考えるよりはるかにましです。そして、その苦痛をはねかえせるぐらい、あるいは切り離せるぐらい、「自分に価値がある」と思える状態に回復するまで、生き延びればよいのです。

あなたはあなたの課題を生きればよいのであって、他人の課題を引き受ける必要はない。あなたは誰の人生でもなく、あなた自身の人生を生きればよいのです。

〔1〕本文では悩みの性格上、「課題の分離」に主眼を置きましたが、アドラーが人間関係の目標としたのは（ある意味ヘーゲル（P.177〔2〕）的ともいえる）「共同体感覚」をもつことでした。両者は相反するものではありません。クールな頭でお互いの責任の線引きを明確にした上で（課題の分離）、ウォームな心で「目標の一致」ができないかを探る（共同体感覚）。その上で他者に貢献し、協力しあうことで、自らをも肯定できることを説いています。

〔2〕岡本太郎もまた「友人から下に見られている」への喝《かつ》となる言葉を語っています。「大切なのは、他に対してプライドをもつことでなく、自分自身に対してプライドをもつことなんだ。他に対して、プライドを見せるということは、他人に基準を置いて自分を考えていることだ。たとえ、他人にバカにされようが、けなされようが、笑われようが、自分がほんとうに生きている手ごたえをもつことが、プライドなんだ。相対的なプライドではなくて、絶対感をもつこと。それが、ほんとうのプライドだ」（『自分の中に毒を持て』）。

アドラーが出した

答え

自分の課題と他者の課題を分離せよ

アルフレッド・アドラー
推薦図書

『人生の意味の心理学』 アルテ

『嫌われる勇気』の原点。「人生の意味づけを変えれば、世界はシンプルになる」とする。「人生は仲間に関心を持ち、人類の幸福に貢献することである」と「共同体感覚」を説く。「課題の分離」はアドラー本人ではなく、ディンクメイヤーらの言葉を意訳したもの。

悩み

嫌いな上司がいる。上司とうまくいっていない

バールーフ・デ・スピノザ
が答えを出しています。

バールーフ・デ・スピノザ　1632-1677

17世紀オランダの哲学者。「自然そのものが神」と当時の非常識を説いて教会を破門。著書出版後に後援者が虐殺されるなど、身の危険とともに一生を過ごす。哲学者のみならず、脳科学者もリスペクトするその思想は、科学が席巻する現代でより一層の輝きを放つ。

17世紀のオランダの哲学者スピノザは人がどうしたら幸福になれるかについて、こう考えました。

「人間が人や世界を恨んだりするのは、人や世界が『自由意志』を持っていると考えてしまうからだ」。

「自由意志」とは、読んで字のごとく、「自分の意志でもって、自分の行動を何とかしようとコントロールできる意志」のことです。

私たちは嫌みを言う上司に対して、つい、「なんであの野郎、もっと人が気持ちよく動けるような言い方でいえないんだろう?」などと考えてしまうわけですが、スピノザはその上司を含めて、**だれも、自分で自分を変えることはできない、**といっています。つまり「自由な意志」などというものはないのだと〔※1〕。

嫌みを言うのも、部下の手柄を自分の手柄にしてしまうのも、自分の失敗を部下に押しつけるのも同じ。すべては彼を生んだ家族や育った環境や背景や入社後の経歴その他、彼と彼をとりまく世界によって決まっているのだというのです。

精神の中には絶対的な意志、すなわち自由な意志は存しない。むしろ精神はこのことやあのことを意志するように、原因によって決定され、この原因も同様に他の原因によって決定され、さらにこの後者もまた他の原因によって決定され、このようにして無限に進む。（『エチカ』第2部）

誰かを恨んだり、嘲笑したり、嘆いたり、愚痴《ぐち》ったり、呪ったりするのは、その嫌いな相手が、私が考えるように、行動を変えられると考えてしまうからです。

しかし、それはその人の出自や生まれ育ちやコンプレックスや抱えているものの因果関係で決まっており、変えることができないのです。

起こることすべては必然であり、最初から決まってしまっている。

ふたたび、あの上司は嫌なことを言うだろう。言わなくてもいいことを言うだろう〔※2〕。

でもそう考えると実は、楽になれる。安らぎと幸福が与えられる、とスピノザはいいます。

「理解」することによって、彼のことをあきらめて、ゆるす気持ちがわいてくるのです。

スピノザが生きた時代は、神様なしでは何も考えられなかった時代です。同時に、神ありきでものごとを考えることは、不自由なことでした。

当時の哲学者による書物には、かならず神のことがふれられていて、すべてを疑ってかかったデカルト（P.45）でさえも、最終的に神の存在は絶対であるとしています（時代的にそうせざるをえなかったという事情もあるのですが）。

スピノザも一見、その例外ではなく、本の中でしきりに「神」という言葉を持ち出すのですが、実質的には「無神論者」でした。

スピノザのいう「神」というのは「オー・マイ・ゴッド！」と言ったりするときの「ゴッド（神）」ではなくて、**「世界」**や**「自然」全体**なのです。すべては世界や自然によって決まっている。それがスピノザの「神」でした（この考えかたを「汎神論《はんしんろん》」といいます）〔※3〕。

神の存在が絶対で当たり前の時代に、スピノザはなぜ、世界を（一神教的な）神やキリスト教なしで考えることができたのでしょうか。

彼はかぎりなくゼロからものごとを考えられる人でした。

キリスト教が、キリスト以後の人たちによって、金もうけや戦争、殺人を正当化する思想的な手段になっていることを見抜いていました。さらに彼はユダヤ教会からも異端視され、破門されます。

スピノザは匿名で聖書を批判的に検討した本を出版しますが（『神学・政治論』）、スピノザの著作ということがばれ、親しかった政治家が虐殺されると、命の危険を感じながら亡命者のような一生を送りました。

スピノザは裕福な生まれの高潔な人物でした。自分が属するユダヤ人のコミュニティが大事にする「富」や「お金」と縁を切り、さらにはお金持ちの親からの遺産相続も、一流大学の教授の誘いすらも断って、「お金がなくても自由にのびのびと考えられる環境」を求めて、有力者に庇護《ひご》を頼んだり、転居を繰り返したりしました。

富裕な生まれだからこそ、経済的な富や政治的な地位に対するクールな視線をもっていたのです。

遺産相続も大学の職も辞して、スピノザが何を生活の糧《かて》にしていたかというと、「レンズ磨き」という内職をもっていたと伝えられています。このこととスピノザの哲学は深く関係しています。

宗教が「よりよく世界を変えよう」といっては敵対と欲望の果てに戦争したり、お金儲けに走ったりしている現実にスピノザはうんざりしていて、とにかく正確に世界を見るレンズを求めていたのです。

レンズというのは、世界を解するもので、世界を変えるものではない。しかし、ちょうどピントのあったレンズのように、**世界をクリアに解することが、どれだけ心の健康と平和にいいか**ということをわかっていたのでしょう。

まさにレンズのような哲学をスピノザは追求したのです。主著『エチカ』はそのようなクリアさへの意志に満ちみちています。若いころから数十年にわたって書きつづけたものの、ついに生前に出版されなかったことからも、彼が世の中を変えようという欲望を持っていなかった、ただ世界をより正しく理解する方法を磨き上げたかったという動機がうかがえます。

スピノザの哲学は「嫌いな上司」のような人に対してだけでなく、ひとりの人間が世を渡っていく上でぶつかる困難すべてに対しても、まったく同じように「理解」する態度でいることを説きます。

人間のできることはきわめて制限されていて、外部の原因の力によって無限に凌駕《りょうが》される〔…〕。だが、たとえ我々の利益への考慮の要求するものと反するような出来事に遭遇しても〔…〕、我々の有する力はそれを避けうるところまで至りえなかったこと、我々は単に全自然の一部であってその秩序に従わねばならぬこと、そうしたことを意識するかぎり、平気でそれに耐えるであろう。（『エチカ』第４部）

決められた運命を変えるような強い意志も能力も、人間はもちあわせてはいない。ほかの動物や木や石と同じように。だけどそう考えれば、あきらめ、うけいれることができるのではないだろうか。

スピノザは「理解」する哲学であり、「うけいれる」哲学なのです。

スピノザ哲学のこの悟りの境地は、現代のストレス社会を生きる私たちにとっても有用な、「現代の聖書」のような効果をもたらしてくれます。

明日再び、その嫌な上司と会うでしょう。彼はまた人望を失うようなことを平気で言うかもしれません。モチベーションを下げるような言動をいけしゃあしゃあとするかもしれない。しかし、あなたは彼のそんな言葉を、**彼がそんな言葉を言うに至った経緯や人生やその他すべての世界のあらわれとして、理解してあげられる、**そのことであなた自身が、魂の平安を得られるということなのです。

〔1〕16世紀イタリアの政治思想家マキャヴェッリは、スピノザと同様に、人間の自由意志には限界があることと、それゆえ人生は運命のなりゆきにまかせた方がいいという考えかたを尊重した上で、こういっています。「私たちの自由意志が消滅してしまわないように、〔…〕半ばまでを運命の女神が勝手に支配しているのは真実だとしても、残る半ばの支配は〔…〕運命が私たちに任せているのも真実であると、私は判断しておく」と。「運命が威力を発揮するのは、人間の力量がそこに逆らってあらかじめ策を講じておかなかった場所においてであり、そこをめがけて〔…〕（運命は）激しく襲いかかってくる」から、「運命〔…〕を叩いてでも自分のものにする必要がある」のだ

と。つまり、ここぞというときは運命に身をまかせず、「自らの意志」を発揮せよということです。彼はまた「冷静に行動するよりも、大胆であるほうが、運命を支配できる」ともいっています（『君主論』第25章）。

〔2〕自分にとって「ウザい」と感じる人（上司や後輩）が、自分以外の人にも同じようなふるまいをしていることが確認できれば、「スピノザ的な理解」がしやすくなります。つまり、「自分に対してだけなのかしら」と悩んでいても、「あれはああいう人なのよ」と一般化されれば楽になるのです。そして多くの場合、人は他の人にも自分に対するのと同じように接しているものです。

〔3〕スピノザの同時代人であり、数学の微積分の発明者でもあるライプニッツは、世界はすべて極小の「モナド」という単位でできていると考えました。個々の「モナド」には何をすべきかがあらかじめプログラミングされていて、そのプログラム通りにそれぞれが勝手に動くのだけれど、全体として絶妙の調和を保っている、という独特の世界観です。現在あるこの世界こそ、モナドが最適に構成され、最善のかたちになっているとライプニッツは考えました（ライプニッツの用語で「予定調和」）。スピノザはこの世界そのものを神とする一元論、ライプニッツは「モナド」という単位からなる多元論です。両者は接触する機会があったものの、話が合いませんでした。しかしどちらも「世界や人生はなるようになるし、なるようにしかならない」と説いている点では近い思想をもっているといえます。

スピノザが出した答え

嘲笑せず、嘆かず、呪わず、ただ理解する

バールーフ・デ・スピノザ
推薦図書

『エチカ』 岩波文庫

迫害されながらも書きつづけられ、死後に出版。その汎神論《はんしんろん》的な哲学は、八百万《やおよろず》の信仰が根づいた日本の人々にこそしみる、神なき現代の聖書。バリスタが毎日コーヒー豆を焙煎していると穏和な人になるように、スピノザについて考えていたら知らぬ間に心の平安はおとずれる。

悩み
家族が憎い

ハンナ・アーレント
が答えを出しています。

ハンナ・アーレント　1906-1975
ドイツ生まれのユダヤ人哲学者。戦争中は亡命を繰り返し、戦後アメリカで活躍。ナチスに加担したハイデガーと恋愛関係になった過去をもつが、ファシズム批判から『全体主義の起原』を発表。20世紀を総括しつつある近年、さらに評価が高まり、ブームが続いている。

過去に、血のつながった家族に許せないことをされたり、言われたりした。子どものころ、親どうしがいつもけんかしていた。肉親関係に精神的な溝やしこりが生まれ、それをいまでも根にもっている。

もういい大人なんだしと、なかよくしようと実家に帰って言葉をかわすのだけれど、当時を思い出させるものがあって好きになれない。家族だからいい関係を築きたい。しかし過去のやりとりに根ざした、「苦手」「嫌い」という感情をどうしても捨てきれない。

極端な話になってしまいますが、現代の日本で起きている殺人事件の実に半数（2013年現在、殺人検挙件数全体の53・5%）が、親子や兄弟姉妹など、家族どうしの間で起こっているというデータがあります。戦後、国内での殺人は減りつづける一方、身内による殺人は減らないのです。高齢化による介護疲れや長引く不景気も理由のひとつであるといわれます。が、距離の近い家族だからこそ、根っこにある甘えがみたされなかったとき、「なぜわかってくれないのか」と不満を抱きやすく、かえって憎悪を燃やしてしまうということではないでしょうか［影山、2014］。

家族と仲が悪い。この問題には**アーレントの哲学**がヒントになるでしょう。

ドイツ生まれのハンナ・アーレントはユダヤ人として戦争中にパリ、ニューヨークと2度にわたり亡命し、戦後はドイツに戻らずそのままアメリカの大学（ニュー・スクール・フォー・リサーチ）で活躍した哲学者です。

彼女はナチス・ドイツの「全体主義」を批判した哲学者として有名ですが、大学生のころ、ナチスに加担したことで批判された20世紀最大の哲学者マルティン・ハイデガー（P.251）と不倫関係をもったことでも知られています。論理だけでは割りきれない葛藤を抱きながら、20世紀ヨーロッパが生み出した**「全体主義」**という、**一筋縄ではいかない「悪」**の問題に取り組みました。

全体主義とは、個人よりも集団を（ナチスのような独裁政党の暴力的な支配をもって）優先する思想のこと。アーレントは、この全体主義を批判的に検討するところからはじめます。

アーレントは哲学が伝統的に重んじてきた「思考」よりも、実生活で人間が「行動」することを重んじました。そして人間の行動は「労働（labor）」と「仕事（work）」と「活動（action）」の3つに分けられると考えました。

その中の「活動（action）」は、人間と人間が関わりあい、言葉や行為を通じて、お互いが他者の前で自己表現し、自分が誰であるかをあらわすこと。この「活動」は、さまざまな人がかかわることで「多数性（plurality）」をもつものであり（※1）、アーレントはこれこそ人間の3つの行動の中でもっとも高度な、**「人間の条件」**であると考えました。

しかし「活動」においては、人と人の関係だからこそ未来に起こることは予想できないし、結果は不確かです。身のまわりの人たちとコミュニケーションをしていれば、自分がよかれと思っても、誰かを意図せず傷つけてしまうことがあります。しかも一度傷つけてしまったら、なかったことにはできないし、元に戻すこともできない。「活動」には「予言できないこと（不可予言性）」と「元に戻すことができないこと（不可逆性）」、この2つの弱点があるとアーレントは指摘します。

人を傷つけても、時間は元に戻せない。だからといって、**自分が過去にやってしまった行為から解放されることがなければ、私たちの活動能力は、たったひとつの失敗にいつまでも縛られ、人と人の関係を回復できなくなってしまいます。**

かつて親に心外なことを言われた。親として見せるべきでない姿を見せられた。兄弟に裏切られた。それらをずっと根にもったままでいると、アーレントのいうとおり、家族どうしの関係が過去の「傷」に縛られて、立ち行かなくなってしまう。それは人間の自由、何より自分自身の自由を阻害してしまいます。

「活動」は人間固有の行為ですが、必ずあやまちを生む可能性があるのです。だからこそアーレントは「活動」には救済策があるとしました。それは、やってしまったことはもう二度と取り返しがつかないけれども、それに対して**「ゆるし**（forgiveness）**」**というものがあるということ。

家族を恨んだり、「もう二度と口もきかない」と考えたりするのは「復讐（vengeance）」の一種でしかありません。それでは最初の「罪」に終止符を打つどころか、復讐に対するさらなる復讐を招いて、際限のない暴力の連鎖におちいってしまいます。

一方でアーレントが評価する**「ゆるし」は、延々と続く復讐の連鎖を止め、最初の「活動」とその傷から、ゆるす者とゆるされる者を自由にすること。**たしかに、容易にやれることではありません。カントの「傾向性」(P.182)からすると、人はひどいことをされたら「復讐」したくなるのが自然であり、人情というものです。

「感情的にはゆるせないけど、そうしないことには先に進まないから、仕方がない…」というように、「ゆるし」には「我慢」や「忍耐」の側面もあるでしょう。人間の感情の自然な流れで考えたらありえない、冷静な理性を必要とします。アーレントはこの点で「ゆるし」は「復讐」とは対極に位置する、人間らしい理性的な行為であると考えました〔※2〕。

しかし、理論上「ゆるし」こそが人間らしい尊い行為であるとしながらも、実際にはアーレント自身が「ゆるし」がたい事件に遭遇しています。

それがあの**「アイヒマン裁判」**です。

アドルフ・アイヒマンは第2次世界大戦中、ナチス・ドイツの官吏として、アウシュヴィッツで

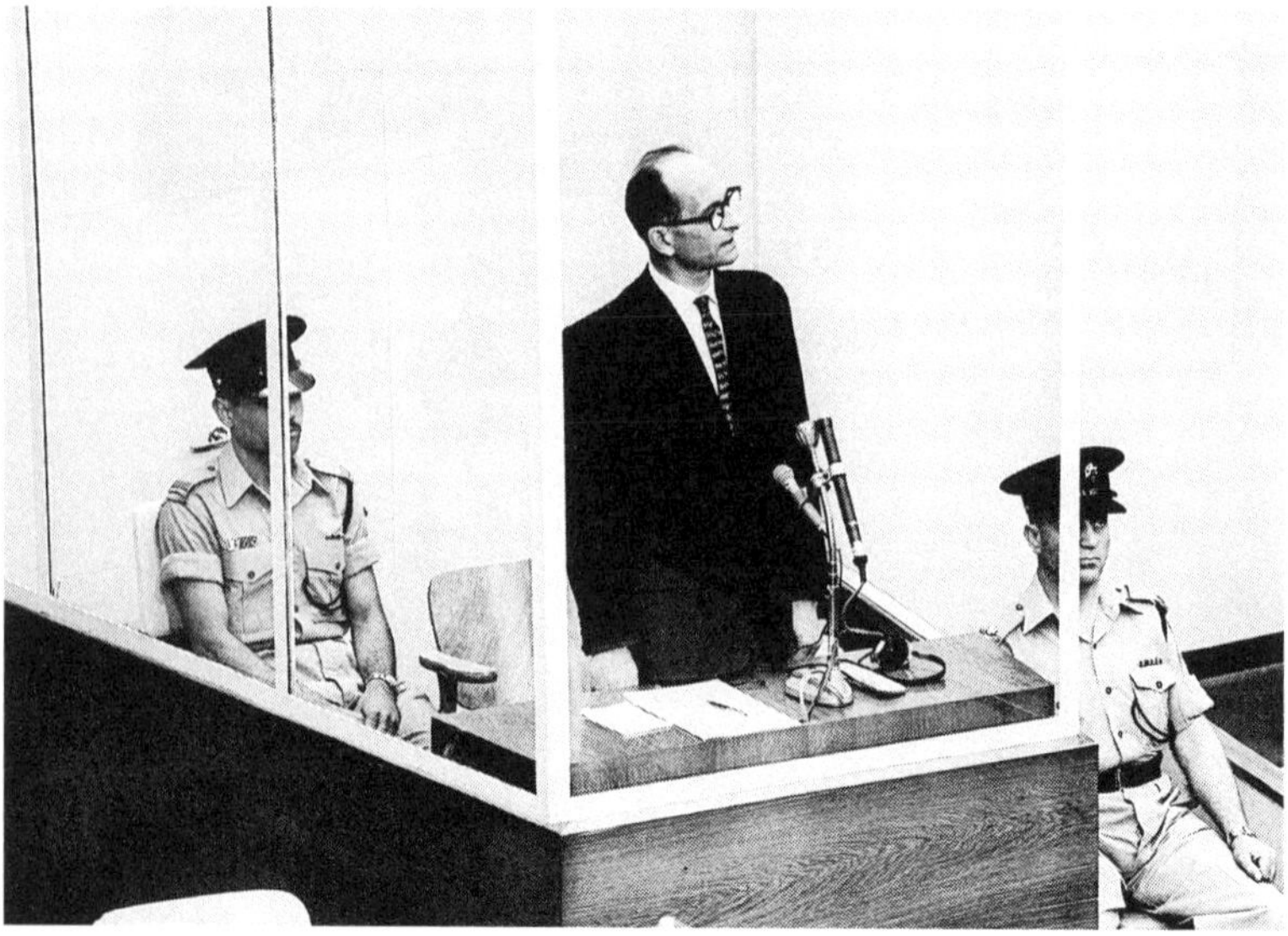

写真：AP/アフロ

アイヒマン裁判の様子

ホロコースト（ユダヤ人の大量殺戮《さつりく》）を指揮し、数百万人のユダヤ人を強制収容所に移送する「係」をしていました。戦後、そのアイヒマンが、逃亡先のアルゼンチンでイスラエルの諜報《ちょうほう》機関に捕えられ、エルサレムで裁判にかけられたのです。

全世界が固唾《かたず》をのんで見守る中、自分はただ官吏として上から命令された職務を遂行しただけだと主張するアイヒマンに、死刑判決が出ます。雑誌『ザ・ニューヨーカー』の特派員として裁判を傍聴していた国際的知識人アーレントの意見にも注目が集まりました。

アーレントは「どんな巨悪だ、極悪人だと思ったら、少しばかり出世欲の強い、職務を淡々とこなす思考の欠如した小役人だった」こと、そして、そんな凡庸な人間から未曾有《みぞう》の悪が生まれたことへの衝撃から、「悪の陳腐さ（the banality of the evil）」と題する手記を発表します。

その中で、**「ゆるし」はアイヒマンには与えられない、死刑は妥当である**と発言するのです。

ユダヤ民族および他のいくつかの国の国民たちとともにこの地球上に生きることを拒む〔…〕政治を君が支持し実行したからこそ、何人からも、すなわち人類に属する何ものからも、君とともにこの地球上に生きたいと願うことは期待し得ないとわれわれは思う。これが君が絞首されねばならぬ理由、しかもその唯一の理由である。（『イェルサレムのアイヒマン　悪の陳腐さについての報告』エピローグ）

ユダヤ人が地球上に生きることをナチスが拒み、それを実行したのであれば、アイヒマンも同様に、ともに地球上に生きることを世界中の全人類から拒まれる。これが死刑の理由だというのです。彼女はホロコーストの論理と同じ論理をもって、アドルフ・アイヒマンが死刑に値するとしました。

言いかえればアーレントは、ナチスがユダヤに対してやった、そのやり返しとして**「復讐（vengeance）」の論理を採用してしまった**のです〔※3〕。

アーレントは手記の中で「ユダヤ人指導者の中にもホロコーストに加担した者はいた」と言及しています。この発言がユダヤ人コミュニティの非難を浴び、彼女は多くの友人を失って孤立しました。思想界のスターだったアーレントがそこまで大きな犠牲を払いながらも、極限の悪を裁《さば》くことについて、フェアに、ねばり強く思考しつづけたのは称賛に値することです〔※4〕。

しかし、アーレント自身がその力を主張した「ゆるし」が、ホロコーストという世界史上救いようのない悪の前に、万能ではなかったことも明らかでした。アーレントの論理には不徹底な部分があり、理論と現実の間で齟齬《そご》をきたしたことは否めません。それほどにこの歴史的事実は、理性だけでは扱いきれない難しい問題だったのです〔※5〕。

ホロコーストほどむごたらしいことではないにせよ、理屈と現実で板ばさみになることは、いまを生きる我々にもあることです。どんなに冷静になって、大人になろうとしたところで、「ゆるせない」と思うことはあります。たとえば、かつてあった家族とのこと。

それでも、とアーレントは言うでしょう。

「ゆるそう！」と思い立つことは、やはり大事なことなのです〔※6〕。

「ゆるし」は（「復讐」とは逆に）、**自分を傷つけた相手との断絶を解き、相手が最初に犯したあやまちと、その仕返しが連鎖してしまう可能性から、相手と自分を自由にすること。**そしてお互いの間に「新しいはじまり（beginning）」としての交流（action）をとりもどす、人間と呼ぶにふさわしい行為であることに変わりはないのです。

〔1〕アーレントにとっては「政治」こそ公共的な空間における「活動」です。市民が（古代ギリシャのポリスにおける広場《アゴラ》にたとえられるような）公的空間に出て、人間相互の関係の中で自分の考えを言葉や行為によって表明し、自分が何者であるかを示す活動＝「政治」こそが、人間が自由であること、多数性（plurality）であることの証明です。多数性とはアーレントによれば、個性や考えかたが全く違う人間どうしであっても、意見をぶつけ合いながらともに存在できることです。しかしナチスのような「全体主義」は、同じ政治といいながら暴力的に集団や民族を優先し、個人の自由、なにより人間の複数性を封殺した点で、あるべき「活動」としての政治とは真逆を行ってしまったのです。

〔2〕アーレントによれば、「赦《ゆる》し」の原型はイエス・キリストにさかのぼります。「まず人間が赦しあうべきであり、その上で神が人間と同様に赦すのだ」と。キリストは使徒ペトロに「7回どころか、7の70倍まで赦しなさい」、つまり「無限に赦せ」と説いています。

〔3〕高橋哲哉の「赦し」についての議論、すなわち『赦しと約束――アーレントの〈活動〉をめぐって』ならびに東京大学駒場での講義ノート、岡里勇希の『過去問から見る倫理Ⅱ』を参照しています。

〔4〕戦後のドイツはナチスへの反省を忘れずに経済の復興をとげましたが、科学技術もまた欧州随一となりました。ドイツの2人の天文学者が、火星と木星の間に太陽系を周回する小惑星を発見しています。宇宙工学の発達の証として、人類の難題に挑みつづけた哲学者に敬意を評し、彼らはその小惑星を「ハンナ・アーレント」と命名しています。

〔5〕アーレントは、ホロコーストのような「根源悪」は「赦すことも罰することもできない」としながら、アイヒマンの死刑判決を支持しました。なお、デリダ（P.257〔3〕）という哲学者はアーレントの葛藤からさらにロジックを徹底させ、「赦しというものは赦しえないものを赦すために存在するのだ」とまで、ほぼ「赦し」の論理の極北に達しています。これはカントのいう「統整的な理念」のようなものです。つまり、「完璧に実現することは不可能だけれども、世の中のバランスをとるために常に頭の片隅に置いておいたほうがいい概念」としての「赦し」を考えているのでしょう。

〔6〕理性と寛容の精神で「赦す」ことを説いた哲学者として、18世紀フランスの啓蒙思想家ヴォルテール（P.234）がいます。当時、自

殺を遂げた青年を、改宗を認めなかったプロテスタントの父の責任であるとカトリック教会が糾弾《きゅうだん》し、拷問死させた事件がありました。この「カラス事件」に接して、ヴォルテールは裁判の不正をうったえ、冤罪死《えんざいし》した父の名誉を回復させるため、あらゆる人脈を駆使して裁判をしかけ、ついには国王まで巻きこんで冤罪をひっくり返します。理論と実行の人ヴォルテールがその時発表したのが『寛容論』。イギリス経験論の哲学者ロックの影響のもと、狂信的なカトリック教会と旧弊《きゅうへい》な裁判制度を批判します。そして「判断が不確実で間違いを犯すことは人間の宿命である」という前提に立って、「赦《ゆる》し合うことの大事さ」を説きます。「寛容（tolerance）とは何か。それは人間愛がもっているものである。我々はすべて弱さとあやまちから作られているのだ。我々の愚かさを赦し合おう。これが自然の第一の掟である」。２０１５年のパリの集団テロ事件では、ヴォルテールの肖像をプラカードに掲げたデモが見られ、不朽の名著『寛容論』が再びベストセラーとなりました。世界中でテロが起き、排外主義者が大国の政権を握る。国内も対岸の火事であるとは決していえない。そんな「不寛容」の時代だからこそ、心に掲げておきたい言葉です。

アーレントが出した
答え

赦しは、
赦す者と赦される者を
自由にする

ハンナ・アーレント
推薦図書

「人間の条件」 ちくま学芸文庫
人間の3つの活動的生、「労働」「仕事」「活動」のうち、匿名的で動物的な「労働」が優位になった現代に、古代ギリシャにおける多数性からなる「活動」の重要さを説く。20世紀思想を代表するアーレントの主著。この母語（ドイツ語）バージョンが『活動的生』。

恋愛・結婚

Love/Marriage

結婚したまえ。君は後悔するだろう。
結婚しないでいたまえ。君は後悔するだろう。

セーレン・キルケゴール（哲学者）

悩み

恋人や妻（夫）とけんかが絶えない

ゲオルク・W・F・ヘーゲル
が答えを出しています。

ゲオルク・W・F・ヘーゲル　1770-1831
カントを受け継ぎつつ、ドイツ観念論を完成した19世紀の哲学者。弁証法によって人間が家族、市民社会、国家へと移行する歴史を、精神が高みへ向かう歩みとして描く。乗りこえるべき近代の強力な哲学として、仏現代思想、米政治哲学など現代に絶大な影響を及ぼす。

それまで仲のよかった夫婦でも、子供が親離れしたり、ふたりが加齢したりすることで関係が変わり、ふとしたすれちがいから心の溝が大きくなって、やがて別離に至る。そんな熟年離婚が近年増加しています。

結婚した夫婦の3分の1が離婚するという日本の現状に、哲学は何を言うことができるでしょうか。

夫婦（恋人）間の問題には、ゲオルク・W・F・ヘーゲルという、19世紀ドイツの哲学者の考えを援用したいと思います。高校時代の恩師で24歳年上の妻ブリジットとの親密な関係でも知られるフランスの史上最年少大統領、エマニュエル・マクロンが大学時代に専攻した哲学者が、まさにこのヘーゲルです。

ヘーゲルという人は、「弁証法《べんしょうほう》」という知的な武器をもちいて、世界で起きているものごとを大きなスケールでとらまえつつ、人間の歴史を壮大な大河ドラマのように構想した大哲学者です。

ヘーゲルによれば歴史とは、**「弁証法」**（のちほど説明します）によってすべての人が賢くなり、人類そして世界全体がよりよく進歩してゆく流れだ、ということになります。過去から未来への「右斜め上向きの矢印」をイメージしてもらえればよいでしょう。**衝突やいさかいがあっても、歴史は最終的にはよい方向に向かってゆくものだ**と説いて、それまでのドイツの哲学の伝統（ドイツ観念論）を大団円（ハッピーエンド）的にまとめた、「哲学の完成者」ともいえる人です。

彼の生きた時代は折しも、隣国フランスが王政から民主政への革命のさなかにあり、ヘーゲルの国プロイセン（のちのドイツ）も遅れてひとつになろうとする時代でした。スケールの大きな彼の理論は自国民の称賛をもって迎えられ、彼は遅咲きながらベルリン大学の総長にまでのぼりつめます。

ヘーゲル哲学は、原始時代や古代のように、「おれを認めろ」「いや私の方がすごいぞ」と承認をめぐって命がけで争う個人同士のレベル（『精神現象学』）にはじまり、家族と市民社会の対立を解消するような近代的な民族国家のレベル（『法の哲学』）に至るまで、人類の壮大な営みをカバーします。

知的な武器としての**弁証法は、人類の歴史をめぐるあらゆるものごとの変化や発展の核心を突いています**。その思考の枠組みを頭の片隅に入れておくだけで、実用的な威力があるものです。ヘーゲル流の弁証法は家族のものごとだけでなく、仕事上でも、価値観の異なる他者との人間関係にも適用することができます。

ヘーゲルの弁証法は、ひとりひとりの自分が、近くにいる他人とお互いに承認しあうことによって、社会のちいさな単位ができると説明します。それが家族、市民社会、国家とひろがり、世界全体が承認しあった者どうしの束（世界市民）となって、平和に繁栄していくイメージをもっています。

弁証法についての簡にして要を得た説明が倫理の教科書に記載されているので以下に引用します（小寺聡編『もういちど読む山川倫理』および高等学校公民科用『改訂版　現代の倫理』より）。

弁証法には、3つの段階があるのがポイントです。

1つめが**〈正の段階〉**です。**「テーゼ」**ともいいます。

人間は最初、自己中心的なものの見かたや考えかたしかできません。自分の見かたとは違った立場があることに気づかず、自分の立場から自己中心的にしかものごとを見ることができません。「ひとりよがりでわがままな、視野のせまい自己」といったものをイメージしてください。

2つめの段階が**〈反の段階〉**です。**「アンチテーゼ」**ともいいます。

そこに、自分とは異なった他者の考えが対立し、自分とは違ったものの見かたや考えかたがあることに気づきます。他人の意見を素直に認めれば自分の意見がとおらない。かといって、他人を無視して自分の意見だけに固執《こしつ》すれば、他人と共存できない。このようなジレンマの中で、私たちはそれしかないと思っていた自分の考えかたが、実は偏《かたよ》った、狭いものであったことを知ります。自分の考えかたの限界に気づかされ、自己中心的なものの見かたが否定されるのです。

ヘーゲルは自分と他者が対立するこの〈反〉、つまり**否定の段階にこそ、ポジティヴな意味がある**と考えました。他者との対立を通じて、「他者でないもの」というかたちで、自分というものが立ちあらわれます。他者との関係に照らして、自分のありようがそのおかしさも含めて浮き彫りになるのです。

3つめの段階が**〈合の段階〉**です。**「ジンテーゼ」**ともいいます。

最後に、自分と他人の立場を突き合わせ、擦《す》り合わせることで、対立を解消していきます。両者の立場をともに生かして総合し、ワンステップ上がった、より全体的な立場へと自分を高めるプロセスです。自分の意見や立場でありながら、他者の意見や立場をとりいれ、より広い視野から全体的に、普遍的にものごとをみることができるようになる。もはや「わたし」だけではない、「われわれの視点」がこの段階です。

コミュニケーションによるすり合わせの努力によって、最後は大団円（ハッピーエンド）になるのです。ですから、2つめの〈反〉の段階で、**両者のあいだに軋轢《あつれき》が生まれようが、摩擦が強ければ強いほど、次の総合のステップがすばらしいまとまりになる**というわけです。

弁証法の一つのたとえとして、「雨降って地固まる」ということわざがあります。雨がどしゃ降りであればあるほど、地の固まりかたもしっかりしたものになるということです。その後また、他者とのぶつかり合いが発生しても、さらにより高次の総合、**より一層強力な結びつきが生まれる**からそれでよい、と考えるのです。

苦悩をつきぬけ歓喜に至るベートーヴェンの音楽〔※1〕から、敵と戦った後に友情が生まれ、成長し合う仲間となって新たな強敵にたちむかう『ドラゴンボール』まで、古今東西のあらゆる作品が弁証法的な構造をもっているといっていいでしょう。

以上3つの段階《フェーズ》を夫婦（恋人関係）におきかえてみましょう。

夫婦仲が悪いとき、よく知っていると思っていたお互いのことを本当はよく知らなかった、ということが明るみに出ることがあります。よく知っているはずの相手が未知の部分を残していたのです。

どうしてそういう意見の違いが生まれたか。相手が発した言葉にこめられた価値観の違いを認めつつ、おそれずに摩擦する。そのことで、意外な一面に至るまでお互いをより深く知り、**不和を乗りこえてさらに一段高い「われわれ」の段階に行くことができる、**というのがヘーゲル的な解決のヴィジョンです。

相手とわかりあえず、自己中心的だった「わたし」は、相手との根気強い摩擦の結果、一段高いわかりあいのステージにともに立つ「われわれ」となります。これをヘーゲルは**「止揚《しよう》」**（aufheben《アウフヘーベン》）と呼んで、不和や対立の強力な打開策と考えました〔※2〕。

夫や妻と仲が悪い。夫婦間のコミュニケーションが誤解の応酬となり、どうにもわかりあえない状況におちいったとしても――

「苦しくて気まずいこの時間は、より一段高い止揚《アウフヘーベン》へと向かっているプロセスなのだ」「ねばり強く話しあえば、雲が切れて晴れ間がさすように、わかりあえる時がくるのだ」と、骨の折れるプロセスと根気よく向き合えば、いささか心も削られるでしょうが、必ずや道はひらけてくるのではないでしょうか〔※3〕。

〔1〕ヘーゲルのむこうを張って『否定弁証法』を唱えたドイツ・フランクフルト学派の哲学者にして美学者のテオドール・アドルノは、ヘーゲルと同じ年に生まれたベートーヴェンの音楽にヘーゲルの弁証法哲学そのもの、すなわち正・反・合の体現を見ていました。「ベートーヴェンの音楽はヘーゲル哲学そのものである。しかし同時にこの音楽は、ヘーゲル哲学以上に真実でもある」（『ベートーヴェン 音楽の哲学』）。

〔2〕その「われわれ」がさらに、家族どうしでも、家族をこえて他人どうしでも、同じすり合わせの原理によって理解を深めていきます。そのわかりあいの結合の輪が大きくなって社会が全体となって総合され、調和を保って前進していくイメージを、ヘーゲルは人間の歴史が発展するプロセスとして描き出しました。哲学界においてヘーゲルという存在は、継承するにせよ、批判するにせよ、その後の影響力ははかり知れません。ヘーゲル哲学における歴史の大きなうねり、それを突き動かす源をヘーゲルは「絶対精神」と呼びました。ドイツの経済学者マルクスはヘーゲルに批判的に乗っかり、しかし歴史は「精神」ではなく、社会を支える下部構造、つまり「生産方

式の違い」が動かすのだとする歴史観（＝唯物史観）をとなえ、世界じゅうの革命思想家・左翼運動家たちに絶大な影響を及ぼしました。

一方、デンマークの哲学者キルケゴールは、個人から家族、家族から社会、国家へとウェルメイドにまとめ上げられてゆくヘーゲルの「絶対精神」に反発し、「生きることは個人的な決断だ」とする哲学を語ります。生きかたや価値観が相手と違うなら断絶も辞さない、烈《はげ》しい生きかたです。実際、キルケゴールは最愛の婚約者レギーネと離縁しています。歴史の大きなうねりに迎合することなく、その「例外者」として、個人の生きかたを重んじる思想を打ち出しました。前者が「マルクス主義」、後者が「実存主義」と呼ばれ、ヘーゲルという哲学史上の巨大な存在を乗りこえようという動きから、現代哲学の2大潮流が生まれたのです。

〔3〕もちろん、けんかしているときにあって、必要以上に溝を深めたり、感情面で致命的に自分を嫌いにさせることがあっては、この議論は土台から崩れてしまいます。反目している時であっても、お互いの中に修復に向かいたいという「甘さ」が底になければなりません。根底のところで恨みを抱かせたり、嫌いになってしまったら、戻るものも戻りませんから、お互いへの信頼を傷つける強すぎる言葉づかいは慎んだほうが賢明です。中国の古典『菜根譚《さいこんたん》』に「家人過《あやま》ちあらば、よろしく暴怒《ぼうど》すべからず。よろしく軽棄《けいき》すべからず」とあるように、問題になっていること以外には話をひろげず、おだやかに話し、解決にむかうことを目標とすべきです。身に覚えがある方もいるでしょうが、話をひろげてしまうと、けんかは燎原《りょうげん》の火のように燃えひろがり、鎮火に多大なコストを費やすことになります。

ヘーゲルが出した 答え

敵対した「私」と「あなた」がわかりあい、「われわれ」として一段上にあがることが大切である

ゲオルク・ヘーゲル
推薦図書

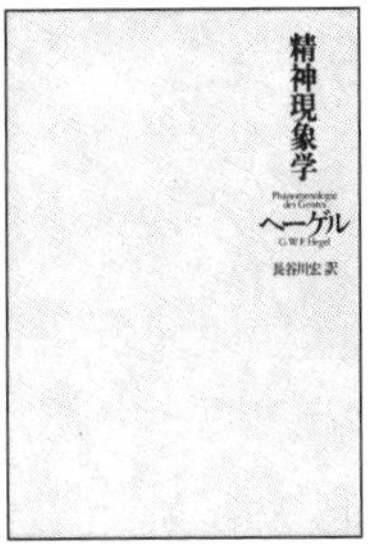

『**精神現象学**』作品社
怪物的努力家ヘーゲル、青春の総決算。あらゆる領域を怒涛のようにめぐりながら大団円へ至る精神の成長物語（ビルドゥングス・ロマン）。カントの「道徳」を批判的に乗りこえた「良心」と「ことそのもの」もまた、現代を生きる上で有用なコンセプト。

悩み
不倫がやめられない

イマヌエル・カント
が答えを出しています。

イマヌエル・カント　1724-1804
デカルトらの「大陸合理論」と、ベーコン、ヒュームらの「イギリス経験論」という哲学の２大系譜を統合した18世紀ドイツの大哲学者。厳格な「義務倫理学」により、理性を備えた人格の尊厳から世界の永遠平和までを説き、今日まで圧倒的な影響を与える哲学界の巨人。

19世紀の哲学者カントは、朝食の時間、散歩の時間、思索の時間と毎日きまった時刻どおりに行動したことで知られています。近所に住む人々が彼の行動を時計がわりにしたほど、カントは時間を守ることに厳格でした。

そんな彼にとって、人間の自由とは、不倫に走るとか、欲望に身をまかせて好き放題やることではありません。

眠くて二度寝したくても、興味をそそられることができて寄り道したくても、自分が決めた日課にパンクチュアル（時間厳守）に行動すること。つまり欲望に流されず、理性のはたらきによって道徳法則にしたがうことこそ、カント自身の自由だと考えていました。

カントによれば、この世にあるすべての事物が自然の因果に流されます。ごつごつした岩が川をころがっていくと、下流で角がとれてまるくなるように。人間もまたそうした因果の世界に属しており、いっときの感情や欲望といった**「傾向性」**（Neigung《ナイグン》）に流されがちな生きものであると考えました。

不倫もわかりやすい「傾向性」のひとつです。配偶者ではみたされないものがあるから、つい他の異性に手を出してしまう。ばれたら面倒なことになるといううしろめたさを感じながら、またずるずると逢い引きを重ねてしまう。

しかし、と彼は言います。人間はそのような「傾向性」になすがままにされる世界（カントの用語で

「現象界」）に属するだけではなくて、その**因果を引いて見ることで因果のサイクルの外に立てるような、超越した世界**（カントの用語で「英知界」）**に属してもいる、理性的な存在**であるのだと。

カントの考えで「不倫」を解くときには、人間が感性と理性、この2つの世界のどちらにも属しているという説（2世界説）をおさえることが重要です。

夫や妻のいる人を抱きたい、抱かれたいという感情や欲望がわきおこり、それに流されそうになることは誰にでもあることでしょう。ですが、実際に不倫に至った結果、「気持ちよさとうしろめたさの板ばさみ」になるのもまた、人間という存在です。このことからも人間は、誰しも自らの胸のうちの「良心の声」を聞くことができ、「英知界（＝理性界）」に属している存在であることがわかる、とカントは考えます。

カントは人間とは、内面に持つその「良心」によって、欲望や感情という「傾向性」をはねのけ、自然の因果とは別個に、独立して新たな行為をなすことができる、理性的な存在であるとしました。今はまだ不倫相手と会ってしまっているとしても、もしそこにうしろめたさがあるのなら、理性をふるい立たせてやめることができるのもまた、人間なのです。

ずいぶん立派なように聞こえますが、それは一体、どういう動機によってでしょうか。

道徳教育などではたいてい、「人に迷惑をかけてはならない」「嘘をついてはいけない」と説くことがあります。しかしそこには、「人にうらまれたくなければ（人に迷惑をかけてはならない）」「人に信用されたければ（嘘をついてはいけない）」という利己的な動機（条件節）が隠されていることをカントは指摘します。それは自分の損得や保身、自己愛のための「偽《いつわ》りの道徳」（カントの用語では「仮言命法」）として批判されます。

ほんとうの道徳法則（定言命法）とは、「あなたの意志の根本方針が、つねに同時に、普遍的立法の原理となるように行為することだ」とカントはいいます。

これはどういうことかというと、**「すべての人がそれをやったら、世の中がめちゃくちゃにならないかどうか」という判断基準に照らして行動せよ、**ということです。その判断基準に照らして、不倫を「普遍化できない」と感じるなら、その人にとって不倫は道徳法則に反する行為となります。

自分たった一人でも、欲望や衝動といった自然界の因果から独立し、理性によって道徳法則を打ち立て、実践し、一人、二人、そして大勢と広がっていけば世の中が幸福になることが思い描けるような道徳法則ならば、その行動原理に対するリスペクトが生まれます。そのリスペクトとは、そういう行動原理が自分の心の内にわき上がることを発見できた**自分自身への尊敬**でもあるのです。

カントによれば、因果には流されるし、理性にも限界がある私たち人間には、この世界の本当のすがた（物自体）をうかがい知ることはできません。しかしただひとつだけ、この世界の本当のすがたのひとつである「善《よ》い意志」というものを私たちは知覚し、体現することができる。「ほんとう」へと通じる、ただ一本の通路（善い意志）は通じている。それはおのれの「良心の声」を聞き届けることによってなのだ、とカントはいいます〔※1〕。

自分自身の中にある良心へのリスペクトから、道徳を守ることに、人間としての尊厳が生まれます。道徳法則を守るこの動機の純粋さにこそ、カント倫理学のオリジナリティがあります。それは、（不倫を道徳法則に反すると感じている人が）「バレなきゃいいんだ」と不倫をして、誰にもばれなかったときのうしろめたさとは対照的な感情です。

良心をもつ人間にとって、自分の内面にある普遍的な道徳法則を守ることから生まれる感情は、情欲に流されて欲望をみたすセックスの快楽を克服する可能性があるのです。

それは「いけないと感じる行為を我慢した私、これが人間としての尊さなのではないか」という、一片のうしろめたさもない、曇りなき感情です〔※2〕。

いけないことだとわかっていながら欲情に突き動かされてしまうのも人間の性《さが》ですが、同時にそれを、**理性によって抑えることですがすがしさを感じることができるのも、人間**なのです。

この自分の中にわき上がる良心へのリスペクトの感情を、カントは自然界を支配する法則への尊敬にかさねて、次のように表現しています。

繰り返し反省すればするほど、常に新たに、そして高まりくる感動と尊敬の念をもって心をみたすものが二つある。わが上なる星の輝く空と、わが内なる道徳律とである。（『実践理性批判』第2部結論）

〔1〕カントの倫理学において、人間は自分の中に「良心」があることが前提になりすぎていると感じないでしょうか。敬虔《けいけん》なドイツ・プロテスタントの家で育ったカントに、自分の中に神がいるとするプロテスタント思想が影響を与えていることは否めないようです。そのことを批判したのがヘーゲル（P.171）です。「カントのいう『良心』は、人間の内面にこだわるがあまりに、現実社会の規範（ルール）の是非を問うことなく、最初から自明のものとしてしまっている。かりに、反社会的と思われる思想（たとえば、所有権を否定する思想）であっても、筋が通っていると個人が認め、それによって内面が律されていさえすれば、カントはそれをよしとしてしまうのだろうか」と。ヘーゲルはそこで、カントを批判的に乗りこえようとするヘーゲル流の「良心」、つまり「則るべき規範は人間どうしのあいだで、現実的かつ流動的に決まるのだ」という、リアリスティックな道徳概念を編み出しています（永井均『倫理とは何か』より）。

〔2〕カントが「倫理（道徳法則）」と「美」をつなごうとしているのがカント三批判書の一つ『判断力批判』です。「自分の揺らぐことのない諸原則に断固としてしたがう心の無情動ですら崇高であり、しかもはるかに優れた仕方で崇高である。〔…〕このような心のあり方だけが高貴と呼ばれる」（『判断力批判』第2章）。本文や答えで用いた「すがすがしさ」という表現は、この「崇高」「高貴」を言いかえたものです。

カントが出した

答え

欲望に流されず、
自分の中の道徳法則にしたがった
すがすがしさを味わうべし

イマヌエル・カント
推薦図書

『道徳形而上学の基礎づけ』
光文社古典新訳文庫

主著である三批判書へのカント自身による入門書。章が小分けで論旨はたどりやすい。「幸福より理性が求める善い意志の方が大事」と少々ストイックすぎるが、心にまっすぐ背骨が通る読後感。ドゥルーズ『カントの批判哲学』や石川文康『カント入門』も良書。

【別解】親鸞

「胸に手をあてて良心の声を聞き、『傾向性』を思いとどまったとき、自分自身へのリスペクトが生まれるから、不倫を踏みとどまれるのだ」というカントの答えは、あまりに優等生的な回答で、納得いかないいなぁと思われた人はいないでしょうか。

「頭じゃわかっているけど、やめられないから悩んでいるんでしょうが」と。

それにそもそも、本当に「不倫はよくない」のか？　そう疑問を抱く人もいるかもしれません〔※1〕。

欲の深さを自覚し、それでもやめられないことに悩むとき。

親鸞《しんらん》が答えを出しています。「地獄にしか自分の住処《すみか》はない」と、業《ごう》の深さに悩み、影ある魅力をたたえた日本仏教のイノベーター、親鸞。

その哲学は、もはや答えと呼んでいいのかもわかりません。しかし、知っておくことでたしかに救われる「究極の哲学」といえるものです。

親鸞の思想は清沢満之《きよざわまんし》〔※2〕、鈴木大拙《だいせつ》から三木清、吉本隆明まで、名だたる思想家を魅了してきました。司馬遼太郎に至っては、無人島に1冊の本を持っていくとしたら『歎異抄《たんにしょう》』とまでいっているように、日本の多くの知識人が晩年に行き着くのが親鸞の思想といっていいほどです。

20代の親鸞は比叡山に入り、自分の煩悩《ぼんのう》、特に性欲を克服する修行に励みます。それでもおさまらない肉体のざわめき。やがて自力修行の限界を感じると、比叡山をくだり、京都の六角堂に籠《こも》るようになります。そこで親鸞は「女犯偈《にょぼんげ》」という夢のお告げを体験します。夢に菩薩があらわれ、「おまえが女性と交わることは、前世からの宿命だから許してあげよう」というのです。人間の業《ごう》を許容しようとする親鸞の仏教は、この体験で得たインスピレーションにはじまるといわれます〔※3〕。

親鸞には不倫をしていたという正確な証拠はありませんが（「複数の妻がいた」など諸説あり）、色欲《しきよく》を厳しく戒《いまし》める仏教で、禁忌とされた肉食をし、妻帯して7人の子をつくり、俗世にどっぷりと浸かりながらも仏道をゆく（「非僧非俗《ひそうひぞく》」＝僧侶でもなければ俗人でもないありかた）ユニークな仏教者として、流《る》謫《たく》の憂き目に遭《あ》っても、しぶとくしたたかに90歳まで生きました〔※4〕。**おのれの困り果てるほどの欲深さ**こそ、親鸞の哲学的テーマでした。

悟りきったと思われる最晩年、80歳半ばのものとされる親鸞の言葉を引用します。

かなしきかな、愚禿《ぐとく》鸞、愛欲の広海に沈没し、名利《みょうり》の大山に迷惑して、定聚《じょうじゅ》の数にいることを喜ばず、真証《しんしょう》の証にいることをたのしまず。はずべし、いたむべし。（『教行信証』信巻）

（悲しいことに、この愚かな親鸞は愛欲の海に沈み、名誉や損得の山に踏み迷って、浄土で仏になる資格が自分にあることを、

うれしいとも思わないし、悟りに近づくことを、快いとも思わない。はずかしいことである。悲しいことである）

老親鸞、悟りに近づいていようとも、悟り澄ますことがありません。いまだに自分は愛欲に溺れ、見栄やお金に執着していることを告白しています。

この姿こそ、親鸞の仏教哲学では「究極の悟り」といえるものです。

どういうことなのでしょうか。

親鸞の教えには、よく知られる「悪人正機《あくにんしょうき》」説があります。

「善人なおもて往生をとぐ、いわんや悪人をや」という一文がそれです。

親鸞の哲学では、通常の「善人」や「悪人」とはニュアンスが異なります。善《よ》い心がけをして自力で修行し、悟りをひらこうとする「善人」よりも、**煩悩を断ち切れず、悟りをひらくこともできない「悪人」**（＝凡人）**こそが、阿弥陀如来の導きによって救われる本命である**ということです。

何度か自分で悪事を克服しようとした。けどダメだった。情欲に流されて、また不倫してしまった。ばれてもめるのが怖い。あるいは現実にもう、もめてしまっている。そういう、自分のはからい（意志や計算）ではいかんともしがたい煩悩を、いやというほど経験したのが悪人。カント的にいえば、「○○しなきゃと思いながら、つい××をしてしまった」という傾向性（欲望）への弱さこそ、悪人の典型的な行動パターンです。

悪人とは自業自得を痛感し、身をよじる苦悶や葛藤を経て、もはや自分の理性や意志の力を信じることができない、自分が人生をコントロールすることなど、とうてい不可能であると、打ちひしがれ、自力を断念した人なのです［※5］。

自分のはからいでなんとかできると思っているうちは「善人」。自力でできることなど、ごくかぎられており、自力で変わろうとする努力は苦しく虚《むな》しい。自分の力ではこの世はどうにもならぬと、無力な「悪人」としての自分を認め、深くあきらめてはじめて、親鸞の思想で重要な**「他《た》力《りき》」**を真剣に欲するようになります。「他力」とは**自分は何ひとつ解決できない、とおのれの罪深さを見つめぬき、自分の無力を悟って**阿弥陀仏の導く「空《くう》と縁起《えんぎ》の世界」に、**煩悩深い身のままゆだねること**です。

不倫を断ち切ろう、複数と付き合っている状態をがんばってやめようとして、それでも泥沼を抜け出ることは無理と断念したとき。自力でなんとかしようという気負いが抜けて、弱さをさらけ出した、情けないありさまになります。けれども、その方がかえって、自力を信じるのとは逆に、消極的に、親鸞のいう「阿弥陀仏のあるがままの世界」に近づくことになるのです［※6］。

「阿弥陀仏のあるがままの世界」とは、自分ひとりではからい（コントロール）をしようとしてできるものなどなく（自分の心でさえ）、すべては関係の網の目の中で、原因が集まっては結果が生じ、原因がなくなれば結果もばらけて消滅していく世界（P.68）のことです（縁起）。それゆえ、執着すべき永遠のものなど何ひとつなく（空）、**一切はなるようにしかならない世界**のこと。

世界が「空《くう》」であり「縁起《えんぎ》」であるという真実は、自力を断念し、肩の力が抜けた心理状態の方が、近づきやすく、感じとりやすい状態にあるのです。

煩悩から離れられない身が痛い目に遭《あ》い、傷つき深く悩み、後ろ向きにころがりながら、気づかぬうちに悟りへとゴールしているイメージです。

人生やこの世界は、なるようになるし、なるようにしかならない。欲には負けるし、理性には限界がある。「業《ごう》の肯定」といってしまっては身もふたもないですが、これが世の真実だとすれば、その真実に寄り添う方が、「自分はがんばれる。理性や努力で変われる」と思いこむよりも、気が楽にはならないでしょうか？　煩悩を捨てきれず、そのことで失うものがあったとしても、「他力」の思想へとひらかれれば、この世の真実に接することができ、逆説的なかたちではあれ、**涅《ね》槃《はん》すなわち心の安らぎを得ることはできる、**と親鸞はいっています。

【1】不倫についてカント（法に忠実）、親鸞（欲に忠実）と2通りの答えを用意しました。もう一つ、「コストに忠実」という別解も用意してみます。ベンサム（P.115、P.132）の「快楽計算」、あるいはカーネマン（P.217）のプロスペクト理論（あるいは「心の会計」）に基づくものです。後者は、人は損を気にしすぎると合理的な行動がとれなくなる、また損をしたことをひどく後悔してしまうという理論です。これによれば、不倫を含む恋愛の悩みの答えは、「サンクコスト（埋没コスト）を決めておく」ということになります。恋愛一般でいえば、「この人にかける費用はいくら」というのをあらかじめ決めておけば、たとえふられたとしても損失のたか（上限）が知れているというものです。不倫もまたしかり。この不倫を続けることで失う経済的・精神的・時間的な代償（慰謝料、家族の温かさ、結婚できる機会など）がいくらかを見積っておくことです。そうすれば自分の腹も決まるはずです。不倫が道徳的にどうかというのは、答えの出しづらい難しい問題です。問題を解決する際に余計なものは切り捨てるべきだとする「オッカムの剃刀《かみそり》」でこの問題を切るならば、不倫は経済や数字の問題に置き換えたほうが解決しやすい。そういう考えかたも成り立ちます。

【2】親鸞の思想に現代人の苦悩を救う力を見たのが明治の宗教哲学者・清沢満之《きよざわまんし》です。蓮如《れんにょ》（室町時代に浄土真宗を広めた尼僧）以来禁書とされていた『歎異抄《たんにしょう》』を愛読していた清沢は、「お他力さん」と呼ばれる庶民の阿弥陀仏信仰の対象だった親鸞に、現代人の苦しみを救うラディカルな思想性を見てとります。その後の日本人の精神的支柱となる親鸞は、清沢が再発見したといっても過言ではありません（末木文美士『日本仏教史』、今村仁司『親鸞と学的精神』参照）。

【3】他にも性欲の強さに悩んだ思想家として、インドの政治指導者マハトマ・ガンディーがいます。彼が16歳のころ、病床で死の淵にあった父の看病よりも、幼くして結婚した妻とのセックスに溺れてしまい、その間に父は息を引きとり、ガンディーは最愛の父の死を看取れなかったことを激しく後悔しました。その深い傷からかれは性欲を克服すべく出家し、36歳の時には禁欲宣言（ブラフマチャリア）をします。しかし晩年は結局若い女性に添い寝してもらうなど、言行が混乱しているところは、「存在すること自体の罪」を自覚し、欲望や「業」と向き合った親鸞と相通じるものがあります（『ガンジー自伝』より）。

【4】親鸞は「弥陀《みだ》の五劫《ごこう》思惟《しゆい》の願をよくよく案ずれば、ひとえに親鸞一人がためなりけり（阿弥陀仏が大変長い間我々衆生《しゅじょう》のために本願を立て

思考なさっていただいたことをよくよく考えると、ただこの親鸞一人のためにあるのだなあと感じられる）」という言葉を残しています。これは親鸞がそれまでの仏教の教えと共鳴して自分の哲学に目覚めたとき、釈迦からはじまって龍樹《りゅうじゅ》、念仏の創始者・善導、直接の師・法然と、連綿とつながってきた「大乗仏教の教え」のパスが、よくぞこの親鸞へと途切れることなくたどり着いたということに感嘆した言葉です。ブッダを源流とする教えの流れが、途方もない時空を経て、豊かに澄んだ太い河となって脈々とこの凡夫《ぼんぷ》へとそそぎこんでいることに。親鸞のこの言葉は、一見傲慢に聞こえるかもしれません。しかし、かれはあらゆる仏道修行を経て比叡山をドロップアウトし、活躍したと思ったら法然とともに配流《はいる》され、裏切られた息子・善鸞《ぜんらん》と絶縁するなどあらゆる失敗や煩悩を経ており、罪業深重《ざいごうしんじゅう》・煩悩具足《ぼんのうぐそく》のこの身には、「絶対他力」だけが救いとなりうる教えなのではないか、そう思われるほどに感激したのです。親鸞が後世に語り継いだこの「自分史上最大の感動」と、浄土真宗がその後、日本仏教でももっとも多い信徒数を持つ宗派になったことはけっして無関係ではないでしょう。

〔5〕だからといって、悪いことをしてもいいのだと開き直るのとは違います。親鸞の「悪人」とは自分の業や煩悩に傷つき、自己嫌悪にさいなまれ、ほとほと懲《こ》りているのです。「悪人正機」説に対する人々の開き直りや誤解に親鸞は当時からつきまとわれていて、これを「本願ぼこり」といって戒めています。

〔6〕阿弥陀仏とはその極楽浄土に凡人を連れていって（阿弥陀仏の本願）、自分の救済は最後でいいと、業の深いふつうの人（凡夫＝私たち）のことをずっと考えてきてくれた神様のこと。

「阿弥陀仏なんているわけがない、そんなもの信じられるか、そんな作り話で不倫の地獄から救われるか」と思う人もいるでしょう。それはその通りで、親鸞がその思想の根拠とする「阿弥陀仏の本願」とは、「空と縁起の世界」という原始仏教がもつクールで科学的な世界観に、人びとがアプローチしやすくなるための「方便《ほうべん》」（真実ではないが有益な説明）としてつくられた物語であり、神話なのです。

親鸞が出した

答え

煩悩を断ぜずして涅槃《ねはん》を得るなり

親鸞
推薦図書

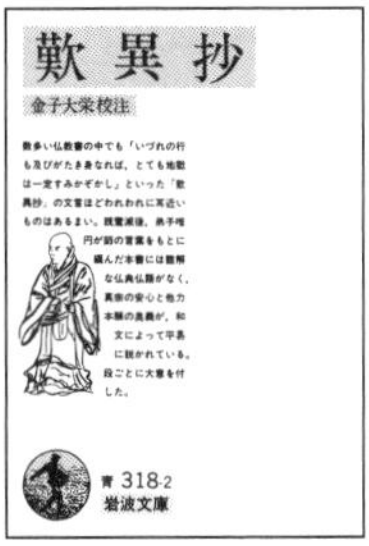

『歎異抄』 岩波文庫

司馬遼太郎が無人島に持っていくならこの1冊と言わしめた日本思想史上の名著。著者が本人ではなく弟子の聞き書きである点はソクラテス―プラトンの関係に似ている。薄く読みやすく親しみやすいが、本格的に親鸞に近づくならば、主著『教行信証』に挑むべし。

悩み

大切な人を失った

ジークムント・フロイトが答えを出しています。

Sigm. Freud

ジークムント・フロイト　1856-1939

オーストリアの精神科医。『快感原則の彼岸』では孫の糸巻きの遊びの観察から、人間の生を司る「快楽原則（エロス）」とは異なる「反復強迫」や「死の欲動（タナトス）」を発見。鋭い観察眼で、人間理解の斬新なアイデアを次々に発表。20世紀現代思想の展望を拓いた。

大切な人を失ったとき、人はどうすればよいのでしょうか。
ただぼう然と立ち尽くし、悲しみに暮れるしかないのでしょうか。それは人間が、喪失の前に無力であるということでしょうか。

そうではない、**「悲しみとは力である」**というのがオーストリアの精神科医、ジークムント・フロイトです。

大切な人を失った悲しみのプロセス、そこから立ち直る感情的なプロセスを、フロイトは**「喪《も》の仕事**（mourning work）」と呼びました。愛するものと死に別れた場合だけでなく、生きている人に別れを告げられた場合も同じです。喪失の悲しみをのりこえるには、「喪の仕事」が正しくおこなわれるかが問題なのです。

フロイトは悲しみの原因を**「リビドー」**に求めます。リビドーという言葉は通俗的に「性欲」とイコールと思われがちですが、性欲だけでなく、気持ちを抱く対象（人間だけでなくペットも含まれます）に向かう「心のエネルギー」と定義できます。

恋している対象、愛着のある対象や執着している対象があるとき、そこに向かってこの「リビドー」が注ぎこまれていると考えてみてください。

「喪の仕事」は、長い悲しみのプロセスです。愛していた対象を忘れようとしても、この「リビドー」からの強い抵抗に遭《あ》います。この「仕事」がつらく感じるのは、失われた対象から自分のリビドーを解放しようとしても、その対象にリビドー＝心的エネルギーがかたくなに注がれつづけてしまうからです。

愛する人を失った者は、現実を吟味することで、愛する人がもはや存在しないことを確認する。そこでその者は、失われた対象との結びつきから、すべてのリビドーを解き放つべきであると認識する。しかしこの要求に抵抗が起こるのは理解できることだ。そもそも人間は、自分のリビドーのポジションを変えたがらない。新たな対象から誘われたとしても、抵抗しようとすることは、よく観察されることである。（「人はなぜ戦争をするのか」所収『喪とメランコリー』）

リビドーが失われた対象に固着してしまうことは、愛する者を失った者にとって苦しみにほかなりません。正常な状態とは「（愛する者がもういない）現実を尊重する」ことですが、喪の悲しみの真っただ中にある人は**現実よりも失われた相手、決して戻ってくることはないその相手に、非合理的に、心理的なエネルギーを注いでしまう**のです。

喪の仕事についている人は、この課題（喪《うしな》われた対象に向かってしまうリビドーを解放してやること）をすぐに実現できるわけではない。長い時間をかけて、備給《びきゅう》（リビドーが特定の対象に注ぎこまれること）されるエネルギーを大量に消費しながら、それを一歩ずつ実現していくのであり、そのあいだは失われた対象が心のうちに存在しつづける。リビドーが結びつけられていた対象を追想し、追憶しつづける作業のうちで、こうした感情が停止し、変形される。やがて備給されていたリビドーがあふれだし、解放されていくのである。（『喪とメランコリー』）

愛する者を失った苦しみのさなかにある人にとっては、「長い時間」がかかるとはいえ、フロイトが「いつかは解放される」と書いていることに希望を見出せるかもしれません。一体、どうしたらそうなれるのか。

フロイトは次のように説明します。

『喪』は自我に対象をあきらめさせようと、対象が死んだことを説明し、生命を維持することの利点を自我に示す。（同）

「喪の仕事」とは、失われた相手にリビドーを注ぎこみつづけることからの、長い時間をかけての解放です。大切な相手を喪失した人間は、失われた対象と一緒にいたいと、一度は底なしの悲しみに沈むのですが、**膨大なリビドーを対象に注ぎこむうちに**（始終泣きつづけ、悲しみに暮れつづける状態でしょう）、**「でも私は生きていかなきゃ」と、やがて冷静さをとりもどす。**そして、悲しみは去りがたいものの、失われた相手と距離をとった、おちついた悲しみの感情をもてるようになる。悲しみが、なつかしさの感情に変わっていく。

長い時間をかけてやがて、こう思えるようになるのです。あの人は去ったが、私は自分がいま生きている世界にとどまって生きていくんだと。それを健全な「自己愛」だとフロイトは表現するのです。長い悲しみの淵から「私」を現世に立ち戻らせるのは、健全なナルシシズムだったのです。

「喪の仕事」を端的に示す例がイギリス出身のミュージシャン、エリック・クラプトンの『Tears in Heaven』でしょう。1991年、まだ4歳だった息子のコナーくんが、アパートの53階から転落して亡くなりました。クラプトンは悲しみのあまり外に出ることができず、息子の死を悼《いた》んで書いた曲が彼の音楽家キャリアの代表作となります〔※1、2〕。クラプトンは天国の息子に会いたいとしながらも、こう歌うのです。

「自分は息子がいる天国にいるべき人間じゃない」
「僕はこの世で自分の進むべき道を見つけていくのだ」

息子のことは今でも愛している。だが自分は現世で生きていくほかないのだと。

のちに彼はこう語っています。

「僕は自分のために音楽を、ほとんど無意識のうちに治療薬として使っていた。そして驚くことなかれ、うまくいったよ。音楽から多くの幸せと癒しをもらったんだ」。

クラプトンは息子コナーが亡くなって13年後の2004年にこの曲の演奏を封印します。

「もう喪失感がなくなったんだ。その曲を演奏するときに心を占めていたものがね。演奏するときは曲を書いたときの感情と融合しなくちゃならない。その喪失感がなくなったということだね。本当に戻ってきてほしくないよ。僕の生活は今では違う。たぶんこの曲には休息が必要なのさ。そしてまたいつか僕はこの曲を、感情的に距離のとれた場所から披露する日が来るだろう」。

『Tears in Heaven』をめぐるクラプトンの回想は、失った愛息への「喪の仕事の完了」を物語っています。こうなるのには時間のかかる、長い道のりだということはもうおわかりでしょう。「喪の仕事」の完遂《かんすい》、つまり喪失を悲しみつくすには、数カ月はもちろん、数年、いやクラプトンのように10年以上かかるのかもしれません。途方もなく長い、恢復《かいふく》への道のり。

だが必ずや、**悲しみつくすことそのものに、癒す力がある**のだと、フロイトの理論を受け継ぐ臨床医キューブラー＝ロスも証言しています。

「最悪の状況の中でも、人間は希望の糸をつむぐ力を持って」おり、「悲嘆の中にこそ、生に向かって回復する力がある」（『永遠の別れ』）のだと。

目の前の悲しみから目をそらさず、深く嘆き悲しむことこそ、大事なものを失った人ができる大切なことなのです〔※3〕。

〔1〕子を失った親の苦しみと悲しみ。やはりそれは人類にとって深く痛ましいものがあるようです。このつらさをどうするかという問題は、ブッダの弟子キサーゴータミーやパターチャーラー、子を亡くした女性の再生を描く大江健三郎の『人生の親戚』や村上春樹の短篇『ハナレイ・ベイ』と、古代から現代に至るまで文学や哲学の取り扱う主題として語り継がれています。フロイト自身もまた、娘ゾフィーを亡くし、その際彼は彼なりの「喪の仕事」をし、そこからも自身の精神分析理論を深化させています（『快感原則の彼岸』）。ここでは、ブッダが弟子パターチャーラーにどう声をかけたかについてみておきましょう。富裕な家庭の生まれながら、夫と二人の子ども、さらに両親と兄弟を一度に失ったことを知ると半狂乱になり、裸になって街を嘆き回る彼女にブッダはこう語りかけます。「人間は元々、

親兄弟や夫や子供をよりどころにしては生きていけないのだ。人間がよりどころとして頼れるものは、法（ダルマ）と自分しかないのだ。生まれた者は必ず死ぬ。会った者は必ず別れる。人間は生まれ、老い、病気になり、皆々死んでゆく。遅かれ早かれ、私もお前も死んでいくのだ。おちついてまわりを見まわしてごらん。愛する者と別れなかった者など一人だっているだろうか」と。ブッダがそう語ると、彼女の悲しみは薄らいでいきました。パターチャーラーは出家して厳しい修行を積み、やがて多くの尼僧から慕われる聖者となるのです（P.7）。一方、江戸末期の国学者・本居宣長は子を失う悲しみ、恋する者を失う悲しみなど、言葉にならない悲しみ＝「もののあはれ」こそが人間の本質で、人はそれを歌にすることでようやく生きていられるのだといっています。しかしそれもつかの間のことであり、仏教が説くようには人は悲しみから決定的に解脱《げだつ》することはできず、死ぬまで悲しみとともにあるほかない。それこそ人間のほんとうの姿であるとしています。

〔2〕フロイトの精神分析理論が画期的な深みを増すきっかけになったのが、〔1〕でもふれた論文『快感原則の彼岸』です。この論文はフロイトの孫・エルンストの行動の観察から構想されました。母（生前のゾフィー）の不在時に、幼い男の子エルンストが「糸巻き」というおもちゃを部屋の隅に投げて、それを自分の視界から消し、また視界にあらわれさせては消すという「糸遊び」を繰り返していました。母の不在に傷ついた自分が、その傷を何度も自分で再現する「反復強迫」という現象です。フロイトはこの観察から、ひとは必ずしも生存の目的に適した「生の欲動」や「快感原則」だけで生きてはいない、生きる衝動には「快感原則の向こう側」、つまり自分を苦しめ傷つける「死の欲動」（タナトス）もあるのだという、深い人間理解へと至ります。「過去のつらい記憶がフラッシュバックする（P.84）」という悩みはこの「反復強迫」以外の何ものでもなく、それは「永劫回帰」（P.87）のダークサイドにほかなりません。しかし、だからといって永劫回帰は、否定されるべきものではないのです。

〔3〕キューブラー＝ロスは臨床医として、真正面から死をとらえようという運動をおこない、その後アメリカでは末期がん患者への告知率が上昇するなどしました。死が近づいた本人の「死の過程の5段階（否認—怒り—取引—無気力—受容）」説を提唱した彼女は一方で、他者の死を受け入れなければならない人々にも同じように、「死の受容」と「喪の仕事」を説きます。大切なものを失った悲しみを明るくごまかしたり（躁的防衛）、他の対象で埋め合わせたりしようとすると、「悲しみの否認」といって、のちに重い抑鬱《よくうつ》状態に襲われ、かえって悲しみに苦しむことになると、彼女はフロイトの理論を受け継ぎつつ、注意を呼びかけています。

フロイトが出した

答え

「喪の仕事」は長い時間をかけて一歩ずつ実現していく

ジークムント・フロイト
推薦図書

『人はなぜ戦争をするのか』 光文社古典新訳文庫

「現代人は無意識に、愛する者の死を望んでいる」など、衝撃的な思考が次々に飛び出す。人工知能の父ミンスキーはフロイトを「あまりにも早すぎたアイデアマン」と語る。本書に収められた『人はなぜ戦争をするのか』も、世界情勢が緊迫するいまこそ読まれるべき。

人生

Life

人生はみじめさ、
孤独、苦しみにあふれている。
そして人生はあまりに早く終わってしまう。

ウディ・アレン（映画監督）

悩み

やりたいことがない。毎日が楽しくない

道　元
が答えを出しています。

道　元　1200-1253
親鸞・日蓮とともに鎌倉仏教を代表する禅僧。貴族の生まれながら比叡山に入る。留学先の宋で坐禅に打ちこみ「心身脱落」を経験。「坐禅し続けることが悟り」と帰国後永平寺を開く。迫害に遭いながらも仏教理論書『正法眼蔵』を著し、死の直前まで手を入れ続けた。

毎朝同じ時間に起き、満員電車で出社。毎日同じような業務を終えると毎日同じ仲間と飲んで同じ上司の愚痴を言い、また満員電車に揺られて帰ってくる。そんな毎日。

朝起きて食事の準備をして夫と子どもを送り出し、掃除と洗濯をして、昼は仕事、帰宅後夕食の準備。そんな毎日。


来る日も来る日も同じ生活のくりかえし。「生きている」という実感を抱くこともなく、私はこのまま年老いてゆくのだろうか。

そんなふうに、変わりばえのしない毎日にむなしさを抱く人は少なくないのではないでしょうか。


しかし、**なんでもないその日常にこそ、人生の「悟り」を得る機会がひそんでいる**のだ。

日本曹洞宗の宗祖にして日本を代表する宗教哲学者・道元は、そういっています。

些事《さじ》、雑事、凡事こそ、悟りに至る修行なのであると。


道元は鎌倉時代当代一の明晰な僧で、純粋に坐禅にはげみ、それ以外を顧《かえり》みない求道者でした。仏教界のエリートおきまりのキャリアとして、道元も中国、当時の宋に留学します。そこで「修《しゅう》証一如《しょういちにょ》（修行し続ける以外に悟りを保つ方法はない）」、「只管打坐《しかんたざ》（ひたすら坐禅する）」とばかり坐禅に打ちこみ、名僧の語録を学ぶのが禅僧の悟りの道だと考え、日々ストイックに精進していました。

中国の天童山景徳寺で修行に明け暮れていた夏のある日。道元が昼食を終えて廊下を歩いていると、老いた典座僧《てんぞ》（料理担当の僧侶）が仏殿の下で椎茸《しいたけ》を干しているのに遭遇します。

老齢の典座僧、真夏の陽射しに照らされてじっとりと汗をかき、苦しそうに喘《あえ》ぎながら一心不乱に椎茸（もしくは海藻）を干しています。

道元が思わず、「どうしてわざわざあなたのような高僧がそんな雑事をおやりになるのですか。他のお付きの者にでもおやりにならせればいいではないですか」と話しかけると、老典座僧は「他のものにやらせたんじゃ意味がないですから」と応じ、また炎天下で黙々と椎茸を干す作業に戻ります。

「おっしゃることはごもっともですが、こんな暑いときにおやりにならなくても……」と道元がたずねると、「今やらなくていつやるのでしょう」と答えたといいます。

老典座の姿に接して、道元は沈黙するしかありませんでした。（『典座教訓・赴粥《ふしゅく》飯法《はんぽう》』より一部改変）

この出来事をきっかけに、道元は自分の悟りの考えかたに誤りがあるのではと思うようになります。坐禅に打ちこむことや高僧の言葉や仏典を学ぶことを修行とばかり思いこんでいたが、はたして本当にそうなのだろうか。老典座が老体でありながら料理長としてのつとめを果たそうと、今なすべきことを無心に行う姿を見て、実はすべてのことが修行であり、悟りに至る道なのではないだろうかと。道元はこのとき、日常の行為一つ一つが修行であり、坐禅と同じ意味をもつことを解したのです。

私たちがふだん、日常で行う行為のほぼすべては何かのための手段です。事務作業一つとってみても、このアポ取りはある打合せをセッティングするための、その打合せをセッティングするのはきょう一日を無事に終えるための、きょう一日を無事に終えるのは上司に怒られないための、上司に怒られないのは査定でマイナスにならないための、査定でマイナスにならないようにするのは将来の生活への不安をなくすための、というように、すべてが目的への連鎖になっている。その連鎖に日々私たちは追い立てられ、手段としての行為を際限なく重ねていくほかありません。

坐禅とはその連鎖を断ち切ることであり、それだけで完結した行為であって、他に目的を持たないのです。そして椎茸を干すような、他に目的をもたない作業は、坐禅と同じ効果をもつということができます。禅寺《ぜんでら》で料理や掃除などの作務《さむ》が坐禅と同様に重視されるのはこのためです。作務がそれだけで充実した行為であるということ、そしてあの老いた典座のひたむきな姿が教えてくれるのは、**「何かに役立てるという考えかたをやめる」**ことであり、**「今ここ、この私に徹する」**ことなのです（頼住光子『道元に学ぶ生き方』より）。

こうして道元は、禅寺でごはんをつくるときの作法（典座）だけでなく、ごはんを食べるときの作法（赴粥飯法《ふしゅくはんぽう》）においても、「洗顔」「歯みがき」「掃除のしかた」「トイレでの立ちふるまい」に至るまで、ひとつひとつをていねいに行うためのこと細《こま》かなマニュアルを書きのこしています。道元が重視するこれらの日常的行為には、どれも「手」が関係していることに注目してください。

仏道のめざすところは「自己とは何か」を本当の意味で理解することです。それは自分を何かと定義するようなことではありません。実は、**自分を「忘れる」こと**なのだと道元は説きます。そしてそのために手を動かす雑務というのは、手がふれたものと一体になることで自分を忘れることができる。

たとえば歯みがき。ブラッシングに集中していくと、少し大げさに言えば、自分の歯ブラシがみがく対象である歯と同調し、一体化し、自分と対象の境界線が溶《と》けあわさるような感覚があります（主客未分《しゅかくみぶん》といいます）。自分のことを考えるのがどこかに行ってしまうような、**「自意識が小さくなる」**効果があります（名越康文『どうせ死ぬのになぜ生きるのか』第4章）。

掃除すること。炊事すること。トイレに行くこと。歯を磨くこと。これら日常茶飯事は坐禅と同じ効果（＝自分を忘れること）を、よりとっつきやすいかたちでもたらすことになるのです。

些事の中で、何も余計なことを考えずひたすら手を使うことで、自分を忘れていく。道元は禅僧がめざす境地を「身心脱落」（自分を忘れること）といいました。「心身」を「脱落」させることは道元の考える「悟り」に没入することになり、日々のありふれた雑事はりっぱな**「動く坐禅」**なのです。

面倒くさいと思ってつい後回しにしていた作業を、雑務だからと焦って片づけるのではなく、「この仕事、意味あるんだろうか?」と意味を考えるのでもなく、ただもう無心に、徹底的に、丁寧にやってみるのはいかがでしょうか。

ふだん掃除をしていなかったところを掃き清める。久しく洗っていなかったものを洗ってみる。いつか捨てようと思っていたものを断捨離《だんしゃり》してみる。一からだしをとってごはんをつくってみる。会社でも日程調整や稟議《りんぎ》手続き、**そのひとつひとつを、細部までクリアにしながら、丹念《たんねん》に、ていねいにやってみる。**

会社や家の中の「雑事」も「動く坐禅」ととらえ、目的をもたず、無心に、一意専心に打ちこむこと。そうすればあなたの心の中に仏が住まうことを知るはずです。ささやかなことと思うかもしれませんが、そんなことで人は生きることのよろこびを実感できたりするのです。

道元が出した答え 生活すべてが禅である

道元推薦図書

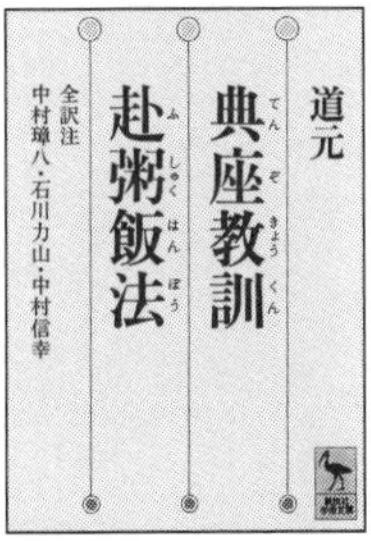

『**典座**《てんざ》**教訓**《きょうくん》**・赴**《ふ》**粥**《しゅく》**飯**《はん》**法**《ぼう》』講談社学術文庫

難解で抽象的な主著『正法眼蔵《しょうぼうげんぞう》』よりも、食の作法を通じて禅の心を説く本書を。何事も全身全霊をこめて取り組むのが「坐禅」であり、「悟り」。より深く分け入るなら、道元含むあらゆる東洋思想を「分節／非分節」で斬りにする井筒俊彦の『意識と本質』を。

悩み

人生の選択に迫られている

ダニエル・カーネマンが答えを出しています。

ダニエル・カーネマン　1934-

アメリカの認知心理学者。知の巨人サイモンの理論を発展させ、行動経済学を確立。経済学の合理的人間像を覆した。盟友トベルスキーとの「世界を変えた友情」をM・ルイスが描く『The Undoing Project（邦題：かくて行動経済学は生まれり）』は米大学生の最新必読書。

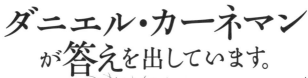

人生は難しい選択の連続です。

キャリアか結婚か。結婚するならあの人かこの人か。サラリーマンか独立か。起業の誘いにのるかのらないか。安定か夢か。親の介護を自分でするか、他人にゆだねるか。自分ががんにかかって、手術をするかしないか。

人生の決断以外にも、日々、無数の決断が目の前に迫ってきます。あの件を上司に相談するかしないか。昼ごはんをどこで食べるか。上司のご機嫌とりに飲みに連れだすか、家族との時間を優先してまっすぐ帰宅するか。

人生の選択は、ちょっとしたことから重いことまで、どんな場面でも難しい。多かれ少なかれ、**苦渋**を伴います。その時、何か支えになるような、理論的な指針のようなものはないのでしょうか。

「これを選べ！」というような積極的なものでないにせよ、「消極的な指針」といったものは存在します。

認知科学（P.51−(1)）をベースに行動経済学という新しい学問を確立したカーネマンの「プロスペクト理論」がそれです〔※1〕。

最初にこの理論の結論を言ってしまうと、**「人間は合理的な判断ができない」**ということです。カーネマンはこのことを実証するためにいくつかの実験をおこないました（Kahneman & Tversky［1979］）。

たとえば、目の前に2つのボタンがあるとします（カーネマンが行った実験を基にたとえをつくっています）。aのボタンを押すと〔80％の確率で4000ドルをもらえる〕とし、bのボタンを押すと〔100％の確率で3000ドルをもらえる〕とします。この場合、どちらを選ぶかという実験です。

さて、あなたならどちらを選ぶでしょうか？（本当にシンプルな実験なので、ちょっとご自分で考えてみてください）

実験の結果、多くの人がbのボタンを選んだそうです。

でも、統計学における「期待値（＝得られる可能性のある値×その確率）」でいえば、どちらの選択肢が合理的でしょうか。ボタンaの3200ドル（＝4000ドル×80％）に対し、ボタンbの利益は3000ドル（＝3000ドル×100％）と、**期待値は実はボタンaの方が高い**のです。

それでは、ボタンaを押すと〔80％の確率で4000ドル損をする〕、ボタンbを押すと〔100％の確率で3000ドル損をする〕だと、どうでしょうか。

今度は、ボタンaを選んだ人の方が多かったのです。

これも「期待値」で検証してみると、ボタンaは3200ドル（＝4000ドル×80％）の損失であるのに対し、ボタンbは3000ドル（＝3000ドル×100％）の損失と、ボタンbの方が数学的には損失が少ない選択肢です。にもかかわらず、ボタンaを選ぶ人が多いという結果が出たのです。みなさんの選択も、そうではなかったでしょうか？

カーネマンはこうした実験をおこなった結果、ある関数（バリュー関数）を発見し、人間は「利益についてはより確実な選択肢を選ぶ傾向があり、**損失についてはリスクをとってギャンブル的な選択肢を選ぶ傾向がある**」という結論をみちびいています。

「期待値」が合理的な選択基準だとして、人はなぜそれとは異なる選択肢を選んでしまうのでしょうか。

カーネマンは**「人間は『損失の苦しみ』をより気にしてしまう」**という指摘をしています。利益と損失が同額であった場合、（先ほどの関数から）同じ額の利益を得る喜びよりも**損失は2.25倍苦しみを強く感じる**というデータが得られます（Kahneman & Tversky [1992]）。「逃がした魚は大きい」という諺《ことわざ》は、そこからきているのでしょう。人間は損をしたくない感情的な生きものであり、損することの苦しみを避けるがために（損をしまいとして）、時につい合理的ではない選択をしてしまうのです。

「プロスペクト理論」以外にも、人間が合理的な判断ができないことの傍証《ぼうしょう》をあげることができます。

コロンビア大学で「選択の心理学」を専門とするシーナ・アイエンガー教授の実験です。食料品店の試食コーナーに、24種類のジャムと6種類のジャムを並べた場合を比較します。6種類そろえたときは試食客の30%が買ったのに対し、24種類並べた場合だと試食客の3%しか買わないという実験データが得られたのです（『選択の科学』）。

この実験からわかることは、人は選択肢が多ければ多いほど自由が増すように見えて、実は選択できなくなってしまう、**選ぶこと自体を放棄してしまう**傾向にあるということです（これを「選択麻痺」といいます〔※2〕）。

選択した後のことを追跡したデータもあります。重い脳障害をもって生まれ、生命を維持できても植物状態となる可能性が高い赤ちゃんに、延命治療を続けるか中止するか、という重い決断です。こういう場合、アメリカでは通常、親が治療中止の決定を下さなければならないのに対し、フランスでは親が異議を申し立てないかぎり、医師が決定を下すことが通例となっています。生命倫理学者の2人が調査をおこなった結果、その後を追跡すると、フランスの親は「こうするしかなかった」という確信を口にするのに対し、アメリカの親は自分で決断したがために、時を経《へ》ても後悔や罪悪感に執拗に悩まされてしまう傾向にあることが報告されています（『選択の科学』）。

自分で物事を決めてしまうと、その決断をひきずってしまい、**その決断にその後の人生がとらわれてしまう傾向がある**ということです。

身近な例でも、たとえば大学や会社に、何年か通ってみてどうも合わないことが明らかであるとします。にもかかわらず、自分が選んだ進路なのだからと、やめられないというケースはないでしょうか。これは自分が決めたことの「一貫性」に縛られているのです。それでは、人生が有限であるにもかかわらず、損失にしがみつくようなもので、人生レベルでの非合理ということになってしまいます。

もし、何もかも「自分が選択することは主体的で立派なこと」という社会通念があるのだとすれば、それは行動経済学や選択の心理学に見るように、その局面自体が合理的とはいえないこともあるのです。

人は合理的な判断をすることが難しいだけではなく、選択肢が増えると判断自体ができなくなることも証明されていました。**選択をすることはやはり難しい**ことなのです。人はそんなにやすやすと決断をできるわけがないし、時に優柔不断にならざるをえないときもある。

人生の指針として**「できるだけ自分で選択しないように心がけよ」**とアドバ

イスする学者もいるほどです〔※3〕。どちらか一方を選択できそうにない場合には、どちらも生かせるのならばそれに越したことはないケースも少なくないのです。

そうはいっても現実には、どちらかの選択肢に決めなくてはならない場合が多いでしょう。ビジネス上の判断であれば、「こういう時はこう」と定石化できる場合も多く、実務で場数を踏めば的確な判断をできるようになるかもしれません。しかし、人生の一大決断となると、話はちがいます。そのとき、まだ納得しきっていない段階で、「えいや！」と直感で選択するのは禁物です〔※4〕。

選択肢の先にまだわからない、もやもやしたところがあるなら、そこがクリアになるまで、判断を保留することが重要です。最後の最後の最後で決めること。フランスの親のように、場合によっては判断を他者にまかせることもひとつの方法です。

もっといえば、**「いくつかの選択肢が向こうから出払ってから考えてもムダではない」**のです。

なぜなら。人間が自分で決めることには限界があり、常に非合理の危険が伴うからです。「パッと決断するのがかっこいいのだ」という「空気」や社会通念にあらがい、その場では優柔不断ととられたとしても、できない判断は保留すること。カーネマンは直感で即決する思考（システム1の思考）だけでなく、**熟慮する慎重な思考**（システム2の思考）**が大事**だと説きました〔※5〕。AかBかの二者択一を迫られても、それで納得できないならば、あきらめずに粘って自分に合うCやDといった答えを探すこともまた、悔いなく生きる道ではないでしょうか。

〔1〕哲学に近しい学問は、これまではフロイトやラカンの精神分析学をはじめ、社会学・宗教学・文化人類学といったところが定番でしたが、近年は英語圏を中心にさらなる広がりを見せており、哲学にも幅広い視野が求められるようになっています。たとえばデネットやジョン・R・サールらの認知科学や「心の哲学」、コスミデスやピンカーらの進化心理学・進化生物学、さらには宗教学や臨床心理学から派生したガワンデらの死生学などがあげられます。人文系にかぎらず、研究者が異なった領域に複数の専門をもつことは、海外ではすでに当たり前のことです。

〔2〕資本主義が発達したこの世界では、選択肢が多すぎるがゆえに逆に選べなくなってしまう「more is less」状態になりがちです。「出会いが多い人ほど婚期が遅れる」という傾向と同じ構造でしょう。旧東ドイツなどの旧共産圏では、自由が制限され、選択肢が与えられなかった社会主義の時代を懐かしむ人が少なくないほどです。一方で、マーケティングで有名な世界的企業のP&Gは、26種類あったシャンプーをあえて15種類に絞りこみ、売上を10%伸ばしたというデータもあります。高度に発達した資本主義経済は、「あえて選択を減らす」という社会主義国流の価値観をもとりこめてしまうという例です。

〔3〕ルーマニア出身の宗教学者M・エリアーデに学んだ宗教人類学者・植島啓司の言葉です（『偶然のチカラ』）。かれは、自身の豊富な人生経験から次のようにいっています。「うまく生きる秘訣はなるべく判断しないですますことである。『あれかこれか』ではなく『あれもこれも』ということである。〔…〕あなたはできるかぎり選択せずに生きる道を探さなければならない。それを貫くのはかなり困難だが、それでもけっして不可能なことではない」（同）。ここで世界史上屈指の天才、ユリウス・カエサルのことを思い出してもいいで

しょう。カエサルは古代ローマにおいて軍事・政治におけるあらゆる難局を打開した逸話を残しています。有名なのはプライベートのエピソードです。ローマ社交界の上流婦人たちがこぞって「私を愛人にしてくれ」と、彼の前に行列ができるほどだったと。しかし謎なのは、彼がその女性たちの誰ひとりにも恨まれることがなかったことで、現代に至るまで並みいる歴史家、小説家、劇作家の興味をそそりました。作家・塩野七生はその理由として、カエサルはこそこそやらず、自分が複数と付き合っていることを妻にも愛人にも、さらには愛人の夫にまでも公然としたことを挙げています。「女性は無下《むげ》にされると傷つく」ことを熟知していたカエサルは、上流サロンで妻と以前の愛人が同じ場所に居合わせたとしても、動揺して元愛人に無視を決めこんだりするような器の小さい真似はしないでしょう。妻に「ちょっと待ってて」と言い、元愛人の手をやさしくとると「どう、変わりない?」とご機嫌をうかがい、けげんな妻には帰宅後に面白い話をするといったアフターケアで切り抜けたはずです（塩野七生『ローマ人の物語8　ユリウス・カエサル　ルビコン以前』より）。どちらの顔も立て、かつてものにした異性を決定的に切らないこと。一夫一婦制普及に影響を及ぼしたキリスト教発祥よりもいにしえを生きたカエサルは、現代でいう「ポリアモリー（複数愛を公然とすること）」であり、その性愛のモラルを独力で磨き上げたのです。その他にも、ガリア戦争で下した敵を、「ローマ市民」の称号を与えて味方につけたことが、かれがルビコンを渡るとき、つまり国家に刃向かう一大決意をした時に成功の決定打となるなど、「両立が難しいものを並び立たせた」エピソードに事欠かないカエサル。その行動指針を哲学の言葉でいえば「弁証法」（P.172）的ということになりますが、対立を「止揚」したというより、ことさら対立構造と考えず、敵味方を分け隔《へだ》てしない器の大きさがあった、ということかもしれません。彼はその「独裁」によりヨーロッパそのものの基礎をつくった男ですが、その後のヨーロッパ哲学の長い歴史を、古代ローマにおいてすでに包含してしまっているような、世界史上の異例《アノマリー》的存在です。

【4】カーネマンは、『アンチフラジャイル』でも知られる哲学者N・タレブの影響を受けながら、「前はこういうふうに選んだから、今度はこういうふうに選ぼう」と考える思考癖が人間にはあるけれども、そのような物語的な一貫性を作り出すこともまた非合理である、といっています（仏教の開祖ブッダ（P.65）もまた、自分の主観的な記憶から勝手な物語を作り出すことは煩悩のはたらきである、と戒めるところです）。「白鳥ばかりの世界に突然黒い鳥（ブラックスワン）が現れること」を科学者たちが予期できなかったように、「前がこうだから」って「次がこうなる」とはかぎらないのです。「一貫性」に気をとられると大事なものを見失うこともあるというのは、社会心理学の古典『影響力の武器』にも書かれてある通りです。実はこのことに数百年も前に先鞭《せんべん》をつけた哲学者がいました。18世紀イギリス経

験論の哲学者デイヴィッド・ヒュームです。ヒュームは人間には「確固とした本質」としての自我があるのではなく、「その時その時の知覚の束」でしかないと考えました。そして「火に指がふれたら熱くて火傷《やけど》するからと言って、また別の火に指がふれたらそうなるとだれが決めたのだろうか」という懐疑的な人間観を打ち出しました。16世紀のモラリスト、モンテーニュもまた、人間一人がわかることなどたかが知れているとして、「独断をさしひかえよ」という懐疑主義の立場をとっています。よくわからないことには、へんな類推をめぐらせず、決着をつけないことも——科学的にも、また人生の決断においても——大事な態度です。

〔5〕ドイツの心理統計学者G・ギーゲレンツァーは、人間の思考をシステム1とシステム2に分け、前者の中に合理的判断を鈍らせる認知バイアス（誤り）があることを重大視するカーネマンと論争するかたちで、ヒューリスティクス（いわゆる人間の勘。P.32〔3〕、P.51〔1〕を参照）には、生存の上で妥当あるいは有利な判断として機能する部分（ecological validity）も大きい、という主張をしています（『なぜ直感のほうが上手くいくのか？「無意識の知性」が決めている』参照）。

カーネマンが出した

答え

まちがった直感の声は大きくてよく通り、理性の声は、小さくて聞き取りにくい

ダニエル・カーネマン
推薦図書

『ファスト&スロー』 早川書房

人間の思考には瞬間で直感的に判断するシステム1の「速い思考」と、じっくり慎重に熟考するシステム2の「遅い思考」があり、前者一辺倒でいくと認知バイアスによる大間違いもあるから、システム2の意識的な稼働が肝要と説く。ほかに「心の会計」概念も興味深い。

悩み

夜、孤独を感じる

アルトゥル・ショーペンハウアーが答えを出しています。

アルトゥル・ショーペンハウアー　1788-1860

ドイツの哲学者。ベルリン大学に職を得るも、ヘーゲル人気に押され辞職。隠棲して文筆に集中。古代インド哲学や仏教の影響からペシミズムを語り、解脱を説いて、ニーチェらに影響を与えた。不遇だったが、63歳で出版した幸福論でブレイク。幸福な晩年を送る。

昔は友だちもいたけれど、最近人が離れていったように感じる。

きょうも誰からも連絡がなかったし、連絡したところで他人には他人の生活があるし、テレビをつけてもスマホをいじっても、気休めにしかならない。

もう誰も、私のことを必要としていないのだろうか？


夜が静かだと、世界にはもう自分ひとりしかいなくなったような気がする。

生存を確認してほしくて、思わずだれかに連絡をとりたくなって、思いとどまる。

自分がこのまま死んでも、誰も気がつかないのではないだろうか…。


生涯未婚率が高まり、熟年離婚が増加し、孤独死への不安も深刻化する日本。独身者を中心に、**「孤独のつらさ」**は身近な悩みとして、多くの人が痛感するところとなっています。

この問題にひとつの答えを示しているのは、19世紀ドイツの哲学者ショーペンハウアーです。

ショーペンハウアーはいきなりこう切り出します。


「孤独に耐えられない、寂しいからといって、他人と一緒にいたってろくなことはない」（『幸福について』第5章）

と。

ショーペンハウアーは「ペシミズム（厭世《えんせい》）哲学」の代表的存在として知られています。

ペシミズム（厭世主義）とは、世界や歴史に（ヘーゲルのいうような）意味や目的などないとする考えかたです。自分の子孫を残そうという遺伝子のヴィークル（乗りもの）としての個々の生きものの、ただ**「存在したい」という、生への盲目的な意志と欲望だけがある**のであり、それぞれの欲望が愚かにもつれ合い、カオス状態にひしめき合って、永遠に無益な争いを繰り返すだけだという。

であるからこの世は幸福になることも、満たされることもない、むなしい世界であると見て、そこに肯定的・積極的な価値を認めない世界観のこと（『意志と表象としての世界』）。

そんなショーペンハウアーにとって、人づきあいとは、他人に合わせるがゆえに「自分を捨てる」ことでした。

「社交界というものは〔…〕人間が互いに順応しあい、抑制しあうことを要求する」

「強制ということが、およそ社交には切っても切れないつきものである」

「社交は犠牲を要求する。〔…〕自己の4分の3を捨てなければならない」（『幸福について』第5章）

とまで言うのです。

どれだけ親しい友人や恋人といても同じことで、「友情とか愛とか夫婦関係が、人と人をいかにも密接に結びつけてはいるが」、「完全な融和はできない」と言います。

なぜか。人と一緒にいても、

「個性や気分の相違のために、必ず不調和が生じるから」。（『幸福について』第5章）

どれだけ寂しくて、人恋しくて、話し相手が欲しいからといって、いざ会ったり電話で話してみたりすると、自分と相手のその時の気分や状況や興味がうまく噛《か》み合わないことがあります。

それはやはり、他人だからです。

自分が本当に興味あるところと、相手のそれとが折り合わないために、結局相手に合わせることになったり、気を使ったりすることになる。結果、深い話ができず、**お互いが共感し合える最大公約数的なところまで、会話のレベルを落とさなければならなくなる。**

それは本来の自分らしさを犠牲にしていることにはならないか？

そこまでして他人と一緒にいたいのか？　それでほんとうに、孤独をまぎらわせていることになっているのか？

ショーペンハウアーは人間には生来、「寂しがり屋」といわれるような、「他人と一緒にいたい本能や衝動」がそなわっていることは認めています。それでも、**その期待が裏切られることは経験上誰もが知っているのだから、**そんな衝動は、適切にコントロールした方が賢いのではないかというのです。

「われわれの不快はすべて独りでいることができないということから起こっている」

「われわれの苦悩のほとんどぜんぶが社交界から生ずるものである」(同)

と。

それでも、人間は群れたがる。孤独をいやがり、自分を捨ててまで社交に向かう「群居《ぐんきょ》本能」を避けがたく抱えている。

どうしてかというと、**「自分がないから」**。「自分の内面が貧困だから」。「断片的な中身しかもたないから」。ショーペンハウアーはばっさりと切り捨てます。

人間が孤独をつらいと感じる理由は「人間の内面的な空虚さと貧弱さ」ゆえであり、

「自己の内面の空虚と単調から生じた社交の欲求が、人間を集まらせる」（同）

のだと。

ヴォルテール（P.165［6］）が「この地上には口をきくだけの値打ちもないような人たちがうようよしている」といったように、さまざまな知識人の「人ぎらい」発言を引用しながら、ショーペンハウアーは「群れることで自分の内面の貧困さをごまかす」社交好きを非難する姿勢を隠しません。「群れる連中」への侮蔑《ぶべつ》が言葉の底に流れています。さすがは俗世間に背を向ける厭世《えんせい》哲学者だけあります。

というのも、それには背景がありました。ショーペンハウアーは19世紀ドイツでベルリン大学に職を得たものの、当時の同僚のスター教員ヘーゲル（P.171）の人気に負け、大学を去ったのち在野で活動し、後半生は隠棲《いんせい》しながら執筆に集中した人生だったのでした。

そうした来歴もあってか、人々が集まるパーティやサロン的な文化に対して斜《しゃ》に構えた目線をもちます。

「くだらぬ人間は皆、気の毒なくらいに社交好きだ」

「優れた人たちがこういう一般の人間と交際したとして、いったい何の享楽が得られようぞ」

（『幸福について』第5章）

とまで罵倒してみせます。この隠遁《いんとん》哲学者には過度に人間ぎらいの面があることは否めません。

しかし、彼が尊敬するアリストテレスも**「幸福は自己に満足する人のものである」**といっているように、ここにはまぎれもない、ひとつの真実があります〔※1〕。

ショーペンハウアーはアリストテレスの言葉に続けてこういいます。

「幸福の基本は自分の外に何ものも期待せず、自分のうちにあるもので楽しむことである」。

「自分自身だけをあてにしてきた人間、自分にとって自分自身が一切合切《いっさいがっさい》でありうる人間が最も幸せだと結論することができる」。（同）

なぜなら。

「人間は誰でも最も完全に融和できるのは、自分自身を相手にしたときだけだから」

「気持ちの完全な平静〔…〕、貴重なこの地上の財宝は、孤独のうち〔…〕、徹底的な隠遁のうちにのみ、求めることができる。〔…〕その人間の自我がすぐれた豊かな自我であれば、おそらくこの貧しい地上において求められる、最も幸福な状態を享受する」（同）

と、きっぱりとした表現を用いて、孤独のすばらしさを讃《たた》えてみせるのです。

であるなら、さびしさにかられてむやみに他人と寄り添いたがる世間の人たちをよそに、群れたい衝動をコントロールし、**自分の内面を深く耕すことをよしとすべき**ではないでしょうか。自分の持てる興味を遊ばせながら孤独を愉《たの》しむ。好きなものをとことん掘り下げる。自分一人でしかできない仕事に没頭することで、私たちは孤独の時間を有意義に過ごすことができます。

その時間、いわば根暗なたのしみが、自分を豊かにするのです。

ショーペンハウアーによれば、

「早くから孤独になじみ、孤独を愛するところまできた人は、金鉱を手に入れたようなもの」

（『幸福について』第５章）

なのです。

【1】孤独を楽しめることはすばらしいことですが、とはいえ「ひとりじゃないから、ひとりでいられる」（かつてのIBMのパソコンのキャッチコピー）ということもあるのかもしれません。たとえば、ショーペンハウアーに多大な影響を受けたあのニーチェ。彼もまた、（処女作『悲劇の誕生』（P.86）の不評がきっかけとなって）就職した大学を干されるようにして孤高の道を歩んだ「孤独の革命家」でしたが、先行するヨーロッパの思想家の多くが（ニーチェが当時批判した）キリスト教道徳に強い影響を受けていた中で、例外的にあの、孤独の自由な思想家スピノザ（P.147）には畏敬と共感を抱いていました。ニーチェがスピノザに出会った（書物の中で、ですが）ころ友人に宛てた手紙です。「僕はすっかりびっくりして、うっとりとしているんだ！ 僕には先駆者がいるのだ、なんという先駆者だろう！ 僕はほとんどスピノザを知らなかった、僕がいま彼をもとめたというのは、ひとつの『本能的な行為』であったのだ。［…］彼の説の五つの主要な点に僕はまた僕の姿をみたのだ。このもっとも異常な、もっとも孤独な思想家は、まさにこの点で僕にもっとも近いのだ。［…］つまりだね、高い高い山に登ったときのように、ときどき僕の息をつまらせたり、僕の血を流させたりした僕の孤独が、すくなくともいまは、二人連れの孤独なのだ、――ふしぎだね！」（『ニーチェ書簡集1』より）。孤独の思索の営みの中で、時を隔《へだ》てた真の友人を見つけた鮮烈な感動をあらわしています。

ショーペンハウアーが出した

答え

孤独を愛する人は、
金鉱を手に入れたようなものだ

アルトゥル・ショーペンハウアー
推薦図書

『幸福について——人生論』 新潮文庫

西欧のブディストにして実存主義の先駆であり、幸福という概念を信じないニヒリストによる幸福論は「孤独のすすめ」。独りになって、自分を磨くことが大事と説く。スマホから離れ、本を読み、思考すること。偏屈な考え方も散見するが、孤独がつらい時に薬になる。

死・病気

DEATH/DISEASE

生きるとは、
壊れていくことだ。言うまでもない。
スコット・フィッツジェラルド（小説家）

悩み

死ぬのが怖い

ソクラテス
が答えを出しています。

ソクラテス　紀元前469－紀元前399

古代ギリシャ、哲学の祖。アテナイ中でソフィストに論争を持ちかけ、「無知の知」のアイロニーでやりこめる。「妙な神を信仰させ、若者を堕落させた」と裁判にかけられ、死刑を宣告される。悪妻クサンティッペに美男子の愛人アルキビアデスと、周囲も役者揃いである。

これまでの人生で、誰にでもすばらしい恋愛とか仕事の成功とか、いい思いをした経験があることでしょう。幸せの頂点で、「いつ死んでもいい」という言葉が口をついて出たことも、一度や二度ならずあったのではないでしょうか。

しかし、たとえば人間ドックにかかった時。命にかかわる病気を疑われたりしてドキッとし、いざほんとうに**「死」というものをリアルに感じるきっかけがあると、やっぱり、死ぬのは怖いと感じる。**まだその覚悟はできていないということに、気づかされてしまいます。

生きることへの未練と煩悩を抱えた私たちに、古代ギリシャ哲学を代表するプラトンなら、こういうのではないでしょうか。

——死ぬのが怖い?

それは**「生き延びる」ことばかり考えているから**だ。そして「もういつ死んでもいい」と思ったような幸福などは、しょせん物質的な幸福、「にせの快楽」にすぎないのだと。

どういうことでしょうか。そしてどうしたら、死ぬことを怖れなくなるのでしょうか。プラトンの思考を決定づけた師にして西洋哲学の祖、ソクラテスの人生をたどりながら考えてみましょう。

舞台は古代ギリシャのポリス、アテナイ。紀元前5世紀もすぎるころには直接民主制が確立し、市民が選挙や裁判といった公共の場にみずから出て話すことがさかんになります（P.165【1】）。そこでは真実がどうであるかは関係なく、とにかく相手をやりこめ出しぬく、そのための弁論術を身につける需要が高まっていました。

ギリシャの個人が、ポリスの一市民としての自覚をもったことにより、個人的な利益の追求と、そのテクニックの獲得に走った時代です。

そこへ「ソフィスト（Sophist）」という、お金をもらって弁論術を教える職業教師があらわれ、人気を博すようになると、市民は個々の欲望をみたすことに邁進《まいしん》し、衆愚政治（ポピュリズム）が蔓延《まんえん》。世間の風潮は乱れます。プラトンの師ソクラテスが登場したのには、個人の欲望がもてはやされた、そんな時代背景がありました。

ソフィストは**この世にはルールなどなく、何でもあり、白を黒、黒を白と言える口のうまいやつが勝つ**とうそぶき、弁舌技術の向上に明け暮れる、堕落したインテリでした。ソフィストから派生した英語の動詞「ソフィスティケイト（sophisticate）」には、「洗練させる」のほかに「詭弁《きべん》を弄《ろう》する」という意味があるほどです。

現代においてもことは変わりません。テレビで人気が出た口のうまい有名人が地方自治体の首長に当選、瞬《またた》く間に政界で勢いづくのはポピュリズムの典型です。白を黒、黒を白と言いくるめる姿はソフィストそのままです。

ソクラテスはポピュリズムで荒《すさ》んだアテナイを立て直そうと、街頭で出くわした人たちに誰かれかまわず議論をふっかけました。ソフィストにかぎらず、道ゆく軍人をつかまえて「勇気とは何ですか？」と訊《き》いてみたりもする。

そのスタンスは「フィロソフォス（philo「愛する」＋sophos「知」）」。つまり自分の無知を自覚しながら（無知の知）、それでも知を愛する者として、逆に相手の無知を暴《あば》くと〔※1〕、**「大切なことは、ただ生きることではなく、よく生きることである」**と説き伏せたのです〔※2〕。

「ただ生きる」とは、ソクラテスによると、生存本能のおもむくまま、肉欲をみたすための金銭欲、名誉や地位への出世欲、（ソフィストのように）自己顕示欲をむやみに求める生きかたのこと。うまい立ち回りばかり考え、ひたすら保身を望む、この世の生にしがみつく生きかたです。

そこには決定的に欠けているものがある、とソクラテスは断じます。

では「よく生きる」とは、どう生きることでしょうか。それは、死を終わりとする肉体的な生の長さにこだわらない生きかた、何がなんでも生き延びようとする本能に逆らう生きかたのこと。欲望や快楽のおもむくままにならず、この世の「ほんとうのこと」を求める知的な欲求によって、与えられた人生の質をできるだけ高めようとする「知を愛し求める者（philosophos）」としての生きかた。この生きかたは**「魂がすぐれてあること」**とも表現されます（藤沢令夫『プラトンの哲学』第III章）。

「いつ死んでもいい」と思える「贅沢三昧《ぜいたくざんまい》」も「酒池肉林」も、しょせんは「ただ生きる」こと＝物質的な幸福。いくらみたしてもきりのない「にせの快楽」にすぎません。「魂が健康」とはいえないからです。

一方、「魂の配慮」をし、「ほんとうに大事なこと」を愛し求めることが「よく生きる」こと＝真実の幸福。こちらの生きかたは「魂の健康」を与えてくれます[※3]。

ソクラテスは、物質的・肉体的な快楽はむしろ魂の健康を邪魔するから、いっそ「魂は肉体を離れる」べきであるといいます。「魂が肉体を離れる」とは、生きながらにして「死」（と同じこと）を予行演習せよ、ということなのです。

金も地位も名誉も、抜け目のない世渡りも、肉欲をみたして得られる快楽も、どこまで熟達させ、洗練させたところで、肝心の「魂」がすぐれていないかぎり、真実の幸福には着地しません。「魂」が劣悪なままでは、いつまでたってもみたされないのです。

「死ぬのが怖い」とすれば、**その生が「ただ生きる」という肉体的次元にとどまっているからでしょう**。そして「魂」をすぐれたものにしようとする哲学者の努力とは、**「死の練習」**なのです（p.7）。

このことはソクラテスの最期《さいご》が物語っています。

保身ばかり考えるアテナイの市民に、ソクラテスは「魂の配慮」を訴え、彼らのあやまちを暴《あば》きたてますが、そのぶんソクラテスにやりこめられたソフィストの間で、反感が鬱積《うっせき》していきます。結果ソクラテスは多くの敵をつくったあげく、アテナイが負けた戦争の戦犯だった弟子の責任を押しつけられ、「神を冒瀆《ぼうとく》し、若者を堕落させた」かどで裁判にかけられると、ついに死刑を宣告されます。

ソクラテスが牢獄に入れられた後も、弟子クリトンは脱獄をすすめ、同情する牢番《ろうばん》は鉄格子の錠を開け、見ぬふりさえしましたが、彼は最後まで応じませんでした。

四六時中『死の練習』として哲学をやってきた哲学者が、死に臨んでそれを恐れることがあるだろうか。いやむしろ安んじて受け入れるだろう。(『パイドン』より一部改変)

と、潔《いさぎよ》く毒杯をあおって亡くなってしまいます。

その死に弟子の一人であったプラトンは深いショックを受けます。ソクラテスが死ぬ前にアテナイ市民に発した次の言葉に、幾度となく悲しみに暮れ、同時に励まされながら、彼は自分の哲学を出発させるのです。

あなたたちは金や評判、名誉のことばかりに汲々《きゅうきゅう》として、恥ずかしくないのか！『知』と『真実』のことには、そして、魂をできるだけすぐれたものにすることには無関心で、心を向けようとしないのか！（『ソクラテスの弁明』）

「金や評判、名誉」の後に、「保身」や「延命」を付け加えてもいいでしょう。ソクラテス自身の「知」と「真実」はラフ・アイデアにとどまりましたが、堕落したソフィストをアテナイから一掃し、のちに弟子プラトンやアリストテレス（P.19）らが西洋哲学史を塗りかえる舞台を用意したのです。

古代ギリシャの市民に投げ出されたソクラテスの最期のことば。

それは二千数百年後のいま――グローバル資本主義が世界中でゆきづまり、「お金がすべて」という価値観に限界が見えかけている現代、また生命を永らえさえすればいいとする延命治療が疑われつつあるいま――を生きる私たちに突きつけられた、**紀元前からの、射程の長い「警告」であると同時に、人々を「哲学（philosophia）」へと誘《いざな》う、「知を愛し求める（philosophos）」言葉**でありつづけています。

〔1〕ソクラテスは「ほんとうの賢さ」をあらわす「無知の自覚」の具体例として「死」を挙げました。「死」ほど、生きている人間が身をもって体験することができず、「無知の自覚」で臨むほかないものもありません。「死は怖いもの、ネガティヴなもの」と決めつけてい

るのは無知の証拠だとソクラテスは断じます。

〔2〕 街行く人を「無知の知」でやりこめる姿を現代から想像すると、実物のソクラテスはプラトンが描くソクラテスとは違って、街頭で飲んだくれては誰かれかまわず議論をふっかける、純粋だけれど面倒くさい男だったかもしれません（プラトンが出会った時も彼はそんな風でした）。ソクラテスの遺志を継いだ孫弟子にディオゲネスがいます。彼は樽の中で裸同然で生活する、シンプルライフを地で行く哲学者でした。「犬のような暮らし」ということで「犬儒派《けんじゅは》」とも呼ばれます。ディオゲネスが心から敬愛していたのは、プラトンによってかっこよく描かれたソクラテスではなく、世間的にはかっこいいどころか、往来で「何、あの人…」と言われるような「変人」だけれど、純粋で飾り気がなく、ただひたすら知を愛し、「魂がすぐれてある」よう配慮した、ありのままのソクラテスでした。

〔3〕 古代ギリシャ末期のエピクロスはギリシャ文化の黄昏《たそがれ》にあって、「魂の平静（アタラクシア）」こそが幸福であり、それをもたらす生活こそ最重要であると考えました。たえず中毒的な快楽を追っかけがちな現代人にとって、この幸福の定義は知っておいて損はないでしょう。「思い煩《わずら》うことがない」状態、つまり、一見退屈なようですが、ある種の静寂《せいじゃく》こそが真の幸福だというのです。「真の哲学への愛によって、平静な心境を乱すやっかいな欲望は、ことごとく解消される」（『断片（その二）』66）。そんなエピクロスは死についてどう考えていたのでしょうか。「自分が存在する間は死は存在せず、また死が存在するときに自分は存在しない」（『メノイケウス宛の手紙』より改変）のだから、死を恐れる必要はない。死を恐れるというのは、考える意味のないことを考えているのだと、彼は死への恐れを離れた魂の平静に人びとを誘《いざな》いました。実際、エピクロスは晩年に膀胱《ぼうこう》を病んで死の淵にあっても、生きている間の楽しい出来事を思い出して苦痛を耐えしのいだといわれます。「東洋のエピクロス」ともいわれる中国の荘子《そうし》もまた、死は恐れるものではないと語っています。「人は気の集まりのようなもので、気が集まれば生、気が散じれば死となる。生と死は一体なのだと気づけば、人間が思い悩むことなんて、だいたいが知れたものだ」と（『荘子』「知北遊篇」）。

ソクラテスが出した

答え

哲学は「死の練習」である。知を愛し求める欲求さえあれば、死ぬことも怖くなくなる

ソクラテス
推薦図書

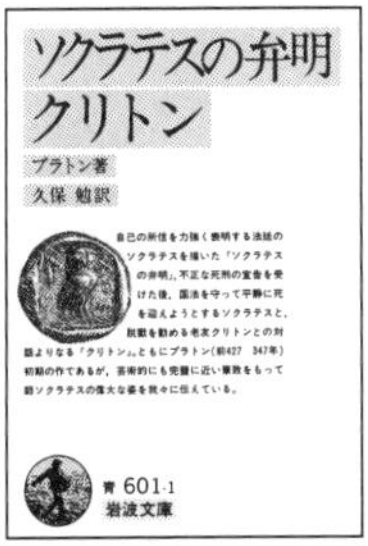

『ソクラテスの弁明・クリトン』 岩波文庫

いまを生きる私たちに語りかける古典。人間は変わっていないことを実感させられる。紀元前に書かれながら苦もなく読めるのはプラトン驚異の文章力。ソクラテスを死刑に追いやったものは現代日本にも蔓延している。『パイドン』『ゴルギアス』も一読の価値あり。

悩み

人生がつらい

マルティン・ハイデガーが答えを出しています。

マルティン・ハイデガー　1889-1976

ドイツの哲学者。「意識にあらわれるものの構造」を思考するフッサールの現象学をベースに、独自の存在論哲学を展開。20世紀最大の哲学者とされる。ナチスに接近したかどで一時公職を追放されるが、主著『存在と時間』は戦後の思想家たちに決定的影響を与えた。

生活が苦しい。

借金を繰り返して、もう返せないぐらいにふくれあがっている。

家族や身近な人間関係も、もはや修復可能なまでにこじれ、悪化してしまった。

気力体力も、もうない。

悩みが積み重なり、肉体的にも精神的にも追いつめられ、「死ぬしかない」と思ったとき。


机上の空論のように思われる哲学が、有用な支えとなることを知っておいてほしいと思います。

20世紀を代表するドイツの哲学者、マルティン・ハイデガーならばこう言います。

「本気で死を意識したということは、自分の生の全体性、いいかえれば、**ほんとうの自己の生に目覚めたということである」**と。


どういうことでしょうか。人間のふだんの意識にあらわれるものをとらえながら、誰にとっても身近な**「死」**を日常からあぶり出すハイデガーの思考を追ってみましょう。

ハイデガーによれば、いまを生きる多くの人が、日々どうでもいい空疎なおしゃべりで過ごしています（この状態を「頽落《たいらく》」といいます）。どうでもいい世間話や盛り上がりで貴重な時間を空費《くうひ》し、本当はなにもなしえない、むなしい人生を送るだけで、自分の持つ固有の可能性である「死」のことを忘れて生きている。

死ぬなんてことはふつう、まったくの他人ごとです。「死」を「親戚が亡くなった」とかいったかたちで、他人ごととしては理解できるけれども、自分ごととしてとらえられることはまず、ありません。

それでもあるとき人は不意に、漠然とした「不安」に襲われることがあります。先行きへの、得《え》体《たい》の知れない不安。ハイデガーによればその不安の正体は実は、自分という存在もまた、いつか死ぬ存在であることを告げ知らせようとする**「死の不安」**だというのです。その不安を先回りし、積極的な意味に転換することはできないだろうか。ハイデガーはこう考えました。

というのも、人生における、「夢がかなう」「成功する」といった他のあらゆる可能性のあやふやさやままならなさに比べて、**「自分が死ぬ」ということだけは、唯一手ごたえのある、確実に存在する可能性**だからです。

> 何びとといえども、誰か別の人が死ぬのを肩代わりしてやることはできない。〔…〕死ぬことを、どの現存在（人間）もそれぞれ自分で引き受けなくてはならない。〔…〕死は本質的にそれぞれ各自の死である。（『存在と時間』第47節）

多くの人が空虚な無駄話や、盛り上がりでごまかしているけれども、だれにとっても死は必ずやってくる。「死ぬ」ということだけは、人は確実にできる。別に自分から死のうとしなくたって、人は確実にいつか死ぬことができてしまう。そのように**本気で自分の死をとらえたとき、誰とも交換できない、一回かぎりの、かけがえのない自分という、存在の本来あるべき姿が立ち上がる**のだ。

しかし、そもそも死を本気で自分ごとと感じることはむずかしい。頭ではわかっていても、本音としてはだらだらと過ごしたいし、死なんて考えずに陽気に暮らしたいのが人間というもの。死を忘れて生きる「頽落《たいらく》」への衝動に、知識で打ち克《か》つことは容易ではありません。

肉体的・経済的・精神的な苦境に追いこまれ、いま本気で死を考えざるをえない人はどうでしょうか。

「自分はいつでも死ぬことのできる存在」と、やむをえず実感している人は、死をまぢかに感じているぶん、生々しい感覚を持って自分の人生の全体を「先取り」しています。

ハイデガーのいう「死への先駆」を、理屈でなく、生身をもって体感しているのです。

このことは、あるいは価値のある大きい体験ではないでしょうか。今すぐにも「死にたい」、そんなどん底の淵にあっては、一歩間違えれば本当に死んでしまうかもしれません。しかし見かたを変えれば、死を生身で感じているからこその可能性がひらかれているともいえるのです〔※1〕。

スイスの臨床心理学者カール・ユングは、人間の心理を「表と裏」の二面でとらえ、表の顔の裏側に、もうひとりの自分がうごめいていることを洞察しました。

たとえば「死にたい」と訴える人は、自分が死ぬ夢をよく見るのだそうです。ユング派心理学者の河合隼雄はその夢を「今の自分を破壊して、生まれ変わりたい」願望であると分析します。「死にたい」と訴えるのは、肉体的に死にたいということではなく、社会的に死にたいということ、つまり「生まれ変わりたい」ということなのだと。

そうだとすれば、肉体的に死ぬ自殺を思いとどまり、社会的に死ぬことを考えることはできないでしょうか？

人生のどん底で首をくくって、あるいは電車に飛びこんで、肉体的に死んでしまうのなら、**いっそ、自分はいっぺん死んだのだ！　とひらきなおる**ことはできないでしょうか。「どうせ死ぬんだったら、やれるだけのことはやってみよう」という、最期《さいご》の覚悟をすることはできないでしょうか。

その「最期の覚悟」でもって、生活苦でも仕事の失敗でも、人間関係の問題でも、いじめでも何でも、もうどうにもできないと思える困難に、体当たりでぶつかってみる。

ひとは**死を本気で決意したとき**こそ、**根源的な時間である人生の残り時間を生きはじめる**のです〔※2〕。

ハイデガーの言葉を借りれば、死とは、追いこすことも、乗りこえることもできない究極の可能性であり、それが迫り続けていることを自覚した人にのみ、ほんとうの人生がひらかれるのです〔※3〕。

太宰治や坂口安吾とともに無頼《ぶらい》派と呼ばれた戦後の作家・石川淳は、ハイデガーの哲学を体現するような言葉を書きつけています。

「じつはわたしはときどき深夜の床を蹴って立ち上り、突然『死のう』とさけぶことがあり〔…〕、わたしがまだ死なないでいる秘密はおそらくこのさけびに潜んでいるらしく、『死のう』ということばの活力が一刹那にわたしの息を吹きかえさせるのであろう…」（『普賢』、傍点引用者）

どうしても死にたくなったら、「死のう」と叫んで、真っ暗な深夜のベッドから飛びあがってみる。その時あなたの「死のう」という言葉の語気に、その言葉の意味するところとは裏腹の、生きることへのエネルギーが残っているのだとしたら――。

これからどれだけ苦しい後始末が待っていようとも、**あなたはいま真に自分の生を生きる、その最初の日に立っているのだ、**と考えることができるのではないでしょうか。

〔1〕サンフランシスコのゴールデン・ゲート・ブリッジはアメリカ西海岸の自殺の名所として有名ですが、飛び降りようとした人を目撃者が説得し、実際に思いとどまらせた例が少なからずあります。その人たちのその後を追跡してみると、7年後に9割の人が生存していたというデータがあります。精神的にもっとも追いつめられた時を生き延びればその後も生きながらえることを示すデータであり、自殺は冷静に考えきった後の合理的な選択というよりは、やはり衝動的な選択である場合が多いのでしょうか。一方で、TEDトークで自殺未遂の記憶を語るスタンフォード大学講師J・D・シュラムによれば、1度目の自殺で失敗した自殺未遂の人が2度目の自殺で成功する確率は37倍にもなるそうです。死にたいという思いを抱えた人は、周囲のケアがないことには孤立を深め、また自殺衝動を抱えてしまうということかもしれません。

〔2〕スタンフォード大学心理学部教授で高齢化センター所長のローラ・カーステンセンは、「社会情動的な選択理論」を提唱しています。ひとは残り時間を本気で感じるようになると、自分にとってもっとも大事なこと、人生レベルで満足できることだけにエネルギーを注ぎ、ネガティヴな情報よりポジティヴな情報に目を向けるようになる。そういう理論を実験から導き出しています。平たくいえば「年をとるほど幸せ」になるということです（彼女が登壇したTEDを参照のこと）。さらに注目に値するのは、カーステンセンがカーネマンの「プロスペクト理論（P.218）」にも疑義をとなえていることです。人生の残り時間を感じた高齢者は、（ポジティヴな情報に目を向けるようになるため）損を避けようとする意識はさほど強くなくなる、というのです。

〔3〕この「死への先駆的決意」の哲学によって、ハイデガー哲学が人びとを魅了し、またナチスの全体主義に加担したことは、戦後の哲学界にとって乗りこえなければならない重要な難問《アポリア》となりました。ハイデガー哲学に抵抗した代表的な哲学者に、レヴィナスとデリダ

がいます。家族をナチズムに皆殺しにされてしまった凄惨《せいさん》な過去をもつユダヤ人哲学者エマニュエル・レヴィナスは、ハイデガー哲学の自己完結性を批判しました。ハイデガー哲学では人間（現存在）は、死の不安から「自分本来のありかたに目覚めよ」という声を聞きますが、その「声」とはあくまで内なる自分の声、「死」とはあくまで自分の死でした。しかし、レヴィナスにとって「声」とは傷つきやすい「他者」からの呼びかけ、「死」もまた「他者」の死であるとして、他者に開かれ、迎え入れる「歓待《もてなし》」の倫理学を説きました。

レヴィナスの理解者であり、よきライバルでもあったフランスの哲学者ジャック・デリダもまた、ハイデガーの「自らの内なる声」に強固に支えられた主体の哲学を、コミュニケーションにおける「郵便（自分の意志が誤って相手に届くこと）」という複数的な概念でバラバラにして、批判的に乗りこえようとする「脱構築」の哲学を試み、ひいてはヨーロッパ哲学全体の再構築を図《はか》りました。

ハイデガーが出した

答え

死を自分ごととらえたとき、ひとは自分の本来的な生に目覚める

マルティン・ハイデガー
推薦図書

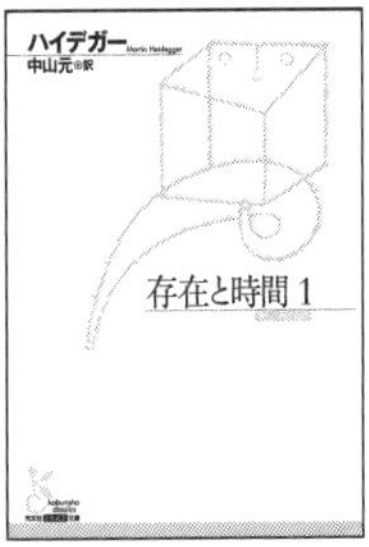

『存在と時間』光文社古典新訳文庫

表現は難解。だが、フッサールの現象学仕込みの日常感覚から不安や死を浮かび上がらせる口ぶりはリアル。言葉遣いこそ論文調であっても、身近な自分ごととしても読めるのがすぐれた哲学書のよいところ。「20世紀最大の哲学書」とされるだけあり、邦訳は百花繚乱《ひゃっかりょうらん》。

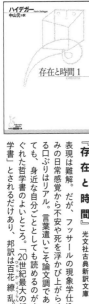

悩み

重い病気にかかっている

ルートヴィヒ・ウィトゲンシュタインが答えを出しています。

ルートヴィヒ・ウィトゲンシュタイン　1889-1951
オーストリア出身の哲学者。ケンブリッジでラッセルから天才と認められるも、『論考』の出版は難航した。教師や戦役でたびたび哲学から離れる。兄弟3人が自殺、自らも自殺願望に悩まされたが、哲学はもちろん、姉の家を建築設計したことも精神の回復につながった。

重い病気にかかっていない人間が、重い病気にかかっている人の気持ちなどわかるものか、と思われるかもしれません。

治る見込みの低い病気にかかっている人に、哲学は何を言うことができるのでしょうか。

オーストリア出身の哲学者、ルートヴィヒ・ウィトゲンシュタインを取り上げたいと思います。

ウィトゲンシュタインは鉄鋼王とよばれた富豪の名家に生まれ、生活苦に悩むことはないものの、自殺志向の強い家系だったらしく、兄弟8人中3人が自殺し、自らも幾度となく死を考えていた人物です。最終的に彼は自殺を踏みとどまり、著作は少ないものの、哲学史に偉大な足跡を残し、寿命を全《まっと》うして亡くなりました。

なぜ自死をずっと考えていたような人物が生きようと決めたのか。

そのことから、この悩みに対する答えをみちびいてみます。

彼が死ぬことを思いとどまれた（生きようと決めた）理由。それは「哲学」をやれること――哲学を考えること、書くこと、講義すること――が彼に魂の健康を与えたことは確かです。

それともうひとつ、戦争体験があったということは間違いないでしょう。ウィトゲンシュタインが小学校教師をやっていた若い時分に、第1次世界大戦が勃発し、彼は教師を辞め、オーストリア軍への従軍を志願します。何度も死を考えていた彼にとって、死が間近にあるということを実感してみたかったというのも動機の一つでしょう。
彼は小学校教師でも浮いた存在で、親や学校からクビにされたりしましたが、従軍した先でもブルジョワ出身と揶揄《やゆ》され、仲間はずれにされ、しばしば意気消沈していたようです。彼はその従軍の様子を『草稿』という形で生々しく書き残しています。

夕方カフェで多くの将校と一緒になる。ほとんどは豚のように振舞う。
ここには何かを打ち明けられる人がいないことをしばしばつらく感じる。しかしあらゆる力に抗して自分を保ってゆこう。(『草稿』)

今でいう友達の少ない大学生のような、不器用で社交の苦手な、過剰な自意識が感じられます。居心地の悪さを感じながらも従軍を続けたウィトゲンシュタインは、オーストリア軍がロシア軍の前に圧倒的に劣勢である中、緊迫の度合いを強める東部戦線に送りこまれます。その戦場での戦いは苛烈《かれつ》をきわめていました。彼はその激しい戦場で、あえてひと際《きわ》危険な「監視塔」の任務を志願するのです〔※1〕。先ほども引用した『草稿』にはこう記録されています。

たぶん明日、照明灯係に志願し、上に昇る。そのときはじめて私にとっての戦争が始まるのだ。そして生もまた存在しうるのだ。たぶん死に近づくことが私の生に光をもたらすだろう。

神よ私を照らしたまえ。（『草稿』）

当時、ブルシーロフ攻勢として知られたロシア軍の大攻勢が開始され、ウィトゲンシュタインの所属する第7軍は総退却を余儀なくされます。将兵16000人のうち、3500人しか残らないような大敗北（鬼界彰夫『ウィトゲンシュタインはこう考えた』第3部より）。饒舌《じょうぜつ》だったウィトゲンシュタインの草稿の記述はその前後、ぱたりと止みます。残された記録の中でも、当人にとってクリティカル（生死を分けるほど重要）な真実について多くを語らないということはよくあることです［※2］。

ところが――。自軍の敗走のまっただ中、生と死が隣り合わせ、いつ死ぬかわからないぎりぎりの危機的な状況で、突然、『草稿』に彼の思考の言葉が迸《ほとばし》り出るのです。それは彼の代表作『論理哲学論考』の方向性を決定づける、難解で荒削りですが、**いまを生きる私たちにとっても真に迫る言葉**です。

私は知る、この世界があることを。私の眼が視野の中にあるように、私が世界の中にいることを。［…］世界の意味が世界の中になく、その外にあることを。生が世界であることを。私の意志が世界を満たしていることを。［…］世界の出来事を私の意志によって左右するのは不可能であり、私は完全に無力である。（同）

戦いの最前線にいる照明灯係のウィトゲンシュタインが、どれほど苛酷《かこく》な戦況の光景を見ていたかはわかりません。内心「豚」と呼んでいたような同僚の将校が、同胞として撃たれ、叫びながらもがく。肉体ごと爆撃されて、血と内臓が吹き飛ぶ。そのような無残な光景だったかもしれません。ウィトゲンシュタイン本人も照明灯係として、ずっと書くこともままならず、ただもう「見る」しかない地獄絵図の中で、**「世界の中の出来事はどうすることもできない」**と悟ります。戦況はさらに悪化し、あえなく私は犬死にしてしまうかもしれない。あるいは命からがら生き延びるかもしれない。どうなるかはわからない。

それはもう、運である。「私をとりまく世界の中の出来事がいかにあるか」を、私はコントロールすることができない。世界のできごとへの影響力を私は持つことができない。**私は世界内の出来事に対して無力である。**

がしかし、とウィトゲンシュタインは書きつけるのです。

私は出来事への影響を断念することによってのみ世界から独立できるし、それゆえある意味で世界を支配することができる。(同)

世界の中の自分に起きる出来事について支配することやコントロールすることを、断念してみる。無関心になってみる。それはちょうど、雨霰《あめあられ》と降る大小の爆撃が自軍の生命を脅《おびや》かし、悲鳴と怒号と罵声《ばせい》が飛び交《か》う目の前のむごたらしい戦況を、ウィトゲンシュタインはいったん、音も映像も、五感で感じるそれらをまるごと、**引いて見つめてみた**、といった感覚ではないでしょうか。

そのことによって、自分はいってみれば、世界から独立することができる。世界の内部のできごとがどれほど最悪で最低で血まみれであろうとも、あるいは贅沢で豪奢《ごうしゃ》で享楽にあふれていようとも、もはやそういったことには意味を認めない。無関心である。世界の内部のあれやこれやではなく、世界の「外」から世界の出来事を見て、私がその中にいる、私に生が開かれているという事実、そのこと自体を見る。そのことによって、自分はどんなに不遇であろうが、世界から「独立」することができるし、世界を外側から「支配」することさえできる。ウィトゲンシュタインはそう考えたのです。

同じ生命の危機といっても、戦争と重い病気は、質的には異なるものかもしれません。しかし、この世界の内部に、自分の意志や力ではどうやっても、万事手を尽くしてがんばっても、どうにもならないことがある。そのことを了解しつつ、しかし、私にとって**この世界そのものがあること、そのこと自体を奇跡と考え、それを生きてやろう、しかも幸福に生きてやろうと意志することはできる**のです〔※3〕。

神秘とは、世界がいかにあるかではなく、世界があるというそのことである。『草稿』

いのちが続くかぎり、この自分が見て、感じているこの世界はあるのですから、いのちの続くかぎり、幸福に生きてやろうと意志することはできる。「世界の楽しみを断念しうる生のみが、幸福である」というのはそういうことです。

ウィトゲンシュタイン本人は幾度もの自殺の危機を生き延びました。「みんなに、僕はすばらしい一生を送ったと伝えてくれ」という言葉を残して、前立腺がんで62年の生涯を閉じます。

ウィトゲンシュタインの『論理哲学論考』は「およそ語られうることは明晰《めいせき》に語られうる」という序文ではじまり、**「語りえないものについては沈黙しなければならない」**という言葉で締めくくられます。それ以上を語らない、そしてそのことで論理的な神秘性を帯びた書物ですが、『草稿』でははっきりとこう書きつけています。

幸福に生きよ！（同）

ウィトゲンシュタインが言う「幸福」について、この世のできごとのうれしいことやつらいことに惑わされないその意味を、ここまで読んできた方はもう十分おわかりいただけたのではないでしょうか。

〔1〕パリに留学し、バタイユやモースなど当時最先端の哲学や人類学を学んだ当代一の日本のインテリである芸術家岡本太郎（P.144〔2〕）にも似たエピソードがあります。彼が第2次世界大戦に従軍した際には、上官が部下を並ばせて殴ることが日常化していましたが、上官が部下を次々と殴り、その勢いがもっとも強くなる4番目の役を、太郎自ら毎回買って出たといいます。ブルジョワ出身、インテリ出身であることへの反骨精神もあったでしょうが、それ以上に、バタイユらに学んだ「死の哲学」すなわち「無目的に、まったく意味のない挑み」を現場で実践してみたい、という気持ちもあったのでしょう。

〔2〕書き手にとって命運を分けるほど重要な瞬間。たとえば古代キリスト教最大の教父アウグスティヌスの主著『告白』における、放蕩《ほうとう》者《しゃ》だった彼が32歳でキリスト教に回心する転機となった、神の啓示の瞬間は沈黙によって語られますし、フィクションではありますが『源氏物語』の主人公・光源氏の臨終の場面（『雲隠』）は本文がなく、何も語られません（黙説法）。

〔3〕デレク・ジャーマンという映画監督がいます。彼は『ウィトゲンシュタイン』という伝記映画を撮るほどウィトゲンシュタインに惚れこんでいました。ジャーマンは同性愛者で、この映画を公開する前にエイズを発症します。当時は治療法も確立されていない中、彼はロンドン郊外で療養しつつ、宣告されてから亡くなるまでの6年間、庭づくりに精を出します。その庭はエイズという当時の「恐ろしい」病気があることを微塵《みじん》も感じさせないような、まるでこの世界があること自体を寿《ことほ》ぐような美しい庭で、現在でもこの庭を観に多くの人びとが訪れます。ジャーマンはこの庭をつくりながら、「死は生を創造的（productive）にする」と言ってみせます。ウィトゲンシュタインが『草稿』で書いたような「むごたらしくあってもこの世界を肯定するしかた、幸福に生きるしかた」を彼は実践したのです。

ウィトゲンシュタインが出した答え

世界の中の事実を変えることはできないが、世界を幸福に生きようと意志することはできる

ルートヴィヒ・ウィトゲンシュタイン
推薦図書

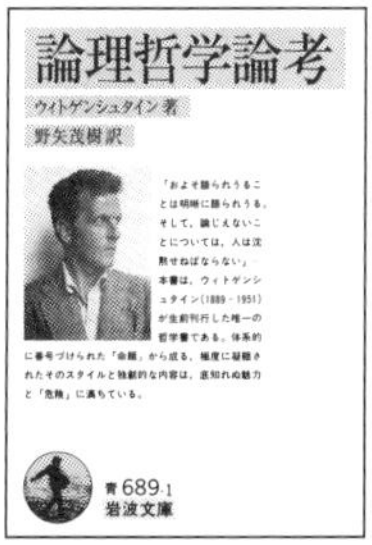

『論理哲学論考』 岩波文庫

その後ウィトゲンシュタインはオーストリア従軍を生き延びた。戦争中に書きためたアイデアを基に終戦直前に脱稿。「この世の当たり前」を信じられない人がゼロから事実を点検し、もう一度世界に降り立つための思考。『「論理哲学論考」を読む』はよき導きの書。

おわりに

生きること、それは苦しいことの連続です。
好きな人にふられ、夢には破れ、人に裏切られ、いつか病んで、死んでいきます。
人生は思い通りにならないものです。楽しさや幸せよりも、苦しむこと、悩むことの方が、ずっと多いのではないでしょうか。

そんなごく当たり前の真実に思いをはせるとき、哲学者の中で思い出されるのは、やはりニーチェ（P.85）です。

信じるべきものが何もない、この世に何ら価値あるものなどないというニヒリズムにヨーロッパがおちいっていた時代。ニーチェ自身も、一世一代の恋に破れて苦しみ、悩み悶《もだ》えますが、「時がただぐるぐると無意味に繰り返される」という認識をやがて肯定的にとらえ、「神は死んだ」という衝撃的な主張をきっかけに『ツァラトゥストラかく語りき』という作品で「運命愛」という考えに達します。

人生の選択の局面で、選んだ道がかりに失敗だったとしても、その後どんなに悲惨な運命が待っていたとしても、一度きりの人生として、その運命を愛する。そして喜びだけでなく、苦しみ・悩みもまた再び自分にめぐってくることをうけいれる「永劫回帰」。人生の肯定のためのこのコンセプトは、ニーチェ自身がその後死ぬまで十年間発狂してしまったという痛ましい事実とともに、深く悩める私たちにも深く共感できるものではないでしょうか。

夏目漱石は、当時では珍しかった文部省給費生としてロンドンに留学し、留学先で英文学やイギリス文化になじまず、深刻な鬱に苦しみますが、ニーチェの『ツァラトゥストラかく語りき』英訳版の存在を知り、膨大なメモをとりながらくりかえし読んでは励まされたといいます。その後漱石は「(世間に合わせるのでなく)自分本位に生きる」という思想を編み出し、帰国後、あの『吾輩は猫である』を書いて小説家デビュー、学界最高の権威といってもいい東大講師の座をかなぐり捨てて朝日新聞社に入社するのです。

古代のアジアに目を向けてみれば、東洋思想の代表格にして仏教の始祖ゴータマ・シッダールタ(P.65)がいます。生きることは生《しょう》・老・病・死の「四苦」に加え、愛するものと別れる苦しみ、嫌いなものと会う苦しみ、欲しいものが手に入らぬ苦しみ、執着する苦しみと4つの苦しみがあり、生きることはまさに「四苦八苦」であると考えました。

シッダールタは究極の「ネガティヴ思考」から出発し、そのまま居れば王になっていた生まれ故郷を離れ、諸国を遊行《ゆぎょう》したのち、やがて「縁起」の思想を着想します。人生を「物語」として考えてしまう「煩悩」を滅して悟りを開き、シッダールタは歓喜も苦悩も超えた「涅槃《ねはん》」へと至るのですが、深く長い苦悩を経て「目覚めた人（ブッダ）」となるプロセスもまた、人生に悩む等身大のひとりの人間として、悩みながら日常を生きる私たちを励ますものではないでしょうか。

日本曹洞宗を開いた道元はブッダの教理にたちかえり、「坐禅」こそが悟りであるとしました。時代がくだって、禅の教えを伝える鈴木大拙《だいせつ》（P.188）らの書物が英訳されてアメリカ西海岸に広まり、あのスティーヴ・ジョブズにも影響を与え、若きジョブズはインドを放浪します。ジョブズは自ら創業したアップルを追放されるという逆境にあっても、「何かを失い、貧しくなった方が、収穫は豊かになる」、「本質的でないことを捨て、大事なことだけに向き合うことで、大きな果実が得られる」といった禅の考えかたに支えられ、アップルのCEOに返り咲いてのち、iPhoneを発表するのです。

古今東西の偉人にとっても私たちにとっても、悩みというものは人生における「親友」のようなものとして存在します。生きているかぎり、その苦しみからのがれることはできません。私たちのこの後の人生も、これまで以上に幾多の悩みや苦しみが待ち受けていることでしょう。

そうであればこそ、やがて来る悩みに適切に対処するために、哲学者が苦悩の果てにたどり着いた哲学の思考を頭の中にたずさえておくことは、けっして無駄なことではありません。

もし人生に絶望するような深い悩みに直面したら、悩める私たちの先達《せんだつ》として、哲学者たちが人生を賭《と》して書き遺した書物をひもといてみる。そのことで、悩みを乗りこえるヒントを得られるのではないでしょうか。つらいときに自分を救う哲学をもっておくことは心強いことです。かつての漱石やジョブズがそうであったように。

生き延びるために、哲学を活用してまいりましょう。

＊＊＊

最後になりましたが、お忙しい中ご丁寧に監修の労をとってくださった東京大学教養学部の古荘真敬准教授、貴重なアドバイスを下さった白鷗大学の青﨑智行教授、澤谷郁子さん、辻本沙織さん、講談社の故・原田隆さん、高田晋一さん、筆者を支えてくれた大事な人、そして両親に、心から感謝します。

また、力強い装丁とブックデザインをしてくださったセプテンバーカウボーイの吉岡秀典さんにも厚く御礼を申し上げます。最後に、中学・高校からの旧友である水野敬也・山本周嗣両氏との長い友情に感謝します。

２０１８年４月　吉日　　小林昌平

参考文献

菅野覚明・熊野純彦・山田忠彰監修 文部科学省検定済教科書『高等学校 新倫理 新訂版』清水書院
濱井 修・小寺 聡 文部科学省検定済教科書 高等学校公民科用『改訂版 現代の倫理』山川出版社
小寺 聡編『もういちど読む山川倫理』山川出版社
岸本美緒・羽田正ほか著 文部省検定済教科書 高等学校地理歴史科用『世界史B 新世界史B』山川出版社
田中正人著 斎藤哲也編集・監修『哲学用語図鑑』ダイヤモンド社

〈はじめに〉
NHK「知られざる大英博物館」プロジェクト編著『NHKスペシャル 知られざる大英博物館 古代エジプト』NHK出版
Bob Holmes and James Randerson "Humble clay tablets are greatest loss to science" New Scientist 2003.5.10

〈1 将来、食べていけるか心配〉
アリストテレス『ニコマコス倫理学』高田三郎訳 岩波文庫
アリストテレス『形而上学』出 隆訳 岩波文庫
鬼界彰夫『生き方と哲学』講談社
桑子敏雄『エネルゲイア アリストテレス哲学の創造』東京大学出版会
岸見一郎・古賀史健『嫌われる勇気 自己啓発の源流「アドラー」の教え』ダイヤモンド社
エピクロス『エピクロス——教説と手紙——』出 隆・岩崎允胤訳 岩波文庫
NHK「プロフェッショナル仕事の流儀」『妥協なき日々に、美は宿る 歌舞伎役者・坂東玉三郎の仕事』DVD（2008.1.15 放送）
※「やるだけやったら、次がある。」は転職情報誌『DODA』のかつてのキャッチコピーです。

〈2 忙しい、時間がない〉
ベルクソン『時間と自由』中村文郎訳 岩波文庫
アンリ・ベルクソン『物質と記憶』合田正人・松本 力訳 ちくま学芸文庫
杉山直樹『「自由に生きること」とは ベルクソン 時間と自由」（左近司祥子編著『西洋哲学の10冊』（岩波ジュニア新書）所収）
金森 修『ベルクソン 人は過去の奴隷なのだろうか』NHK出版
小林秀雄『小林秀雄全作品〈別巻1〉感想（上）』新潮社
瀧口範子『行動主義 レム・コールハース ドキュメント』TOTO出版
石川善樹『疲れない脳をつくる生活習慣 働く人のためのマインドフルネス講座』プレジデント社
山口 周『外資系コンサルのスライド作成術 図解表現23のテクニック』東洋経済新報社
ブログ「内田樹の研究室」『物質と記憶』2004.7.18

〈3 お金持ちになりたい〉
マックス・ウェーバー『プロテスタンティズムの倫理と資本主義の精神（日経BPクラシックス）』中山 元訳 日経BP社
マックス・ヴェーバー『プロテスタンティズムの倫理と資本主義の精神』大塚久雄訳 岩波文庫
仲正昌樹『マックス・ウェーバーを読む』講談社現代新書
小室直樹『日本人のための憲法原論』集英社インターナショナル
渡辺一夫『フランス・ルネサンスの人々』岩波文庫
ブログ「世界史の目—vol.140—」『スイスの新しい風』
ユヴァル・ノア・ハラリ『サピエンス全史 文明の構造と人類の幸福』柴田裕之訳 河出書房新社
NHK「クローズアップ現代」『〝幸福〟を探して 人類250万年の旅 ～リーダーたちも注目! 世界的ベストセラー』（2017.1.4 放送）
トマ・ピケティ『21世紀の資本』山形浩生・守岡 桜・森本正史訳 みすず書房

〈4 やりたいことはあるが、行動に移す勇気がない〉
デカルト『方法序説』谷川多佳子訳 岩波文庫
谷川多佳子『デカルト「方法序説」を読む』岩波現代文庫
小林道夫『デカルト入門』ちくま新書
鈴木宏昭『教養としての認知科学』東京大学出版会
ダン・アリエリー『予想どおりに不合理 行動経済学が明かす「あなたがそれを選ぶわけ」』熊谷淳子訳 早川書房
ブログ「いつやるか? 今でしょ日記 林修オフィシャルブログ」『多忙だった1月を回顧する⑥ ～WBS「方法序説」～』2014.2.1

〈5 会社を辞めたいが辞められない〉
ジル・ドゥルーズ『アンチ・オイディプス 資本主義と分裂症』宇野邦一訳 河出文庫
ジル・ドゥルーズ＋フェリックス・ガタリ『千のプラトー 資本主義と分裂症』宇野邦一・小沢秋広・田中敏彦・豊崎光一・宮林寛・守中 高明訳 河出文庫
ジル・ドゥルーズ＋クレール・パルネ『ディアローグ ドゥルーズの思想』江川隆男・増田靖彦訳 河出文庫
ジル・ドゥルーズ『記号と事件 1972-1990年の対話』宮林 寛訳 河出文庫
アントニオ・ネグリ マイケル・ハート『マルチチュード〈帝国〉時代の戦争と民主主義』幾島幸子訳 NHK出版
浅田 彰『構造と力 記号論を超えて』勁草書房
浅田 彰『逃走論 スキゾ・キッズの冒険』ちくま文庫
東 浩紀『ゲンロン0 観光客の哲学』株式会社ゲンロン
千葉雅也『動きすぎてはいけない ジル・ドゥルーズと生成変化の哲学』河出書房新社
ブログ「言語空間＋備忘録」「『条里空間』と『平滑空間』」2011.10.13
ブログ「Philosophy Guides」「ドゥルーズ＝ガタリ『アンチ・オイディプス』を解読する」

〈6 緊張してしまう〉
ブッダ『ブッダの真理のことば・感興のことば』中村元訳 岩波文庫
ブッダ『ブッダ最後の旅 大パリニッバーナ経』中村元訳 岩波文庫
中村 元『原始仏教 その思想と生活』NHKブックス
植木雅俊『法華経、および中村元先生との出会い』（「図書」2008年12月号）
魚川祐司『仏教思想のゼロポイント「悟り」とは何か』新潮社
地橋秀雄『ブッダの瞑想法 ヴィパッサナー瞑想の理論と実践』春秋社
頼住光子『日本の仏教思想 —原文で読む仏教入門—』北樹出版
名越康文『どうせ死ぬのになぜ生きるのか』PHP新書
熊野宏昭『ストレスに負けない生活——心・身体・脳のセルフケア』ちくま新書
『眠れぬ夜に試してみたい「シャッフル睡眠法」あっという間に眠りに落ちると海外で話題』NewSphere 2017.5.17
草薙龍瞬『反応しない練習』KADOKAWA
「TIME」『THE MINDFUL REVOLUTION』2014.2.3
ティク・ナット・ハン『仏の教え ビーイング・ピース ほほえみが人を生かす』棚橋一晃訳 中公文庫
ティク・ナット・ハン『〈気づき〉の奇跡 暮らしのなかの瞑想入門』池田久代訳 春秋社
釈徹宗『NHKテレビテキスト 100分de名著2017年6月「維摩経」』NHK出版

〈7 自分の顔が醜い〉
ジャン＝ポール・サルトル『存在と無 現象学的存在論の試み』松浪信三郎訳 ちくま学芸文庫
ジャン＝ポール・サルトル『嘔吐 新訳』鈴木道彦訳 人文書院
ジャン＝ポール・サルトル『実存主義とは何か』伊吹武彦訳 人文書院

松浪信三郎『実存主義』岩波新書
海老坂武『NHKテレビテキスト100分de名著2015年11月「実存主義とは何か」』NHK出版
NHK Eテレ「ケンブリッジ白熱教室」第2回『美と醜悪の現象学』(2014.10.17 放送)
大澤真幸・市野川容孝対談『自由の困難=牢獄からいかに抜け出すか?』2015.5.29
横山奈那『両義性の実存的絵画論――前期メルロ=ポンティにおける「セザンヌ」の意味――』東京藝術大学美術学部論叢 創刊号 2005.04
ブログ「NAMS出版プロジェクト」『サルトルとドゥルーズ:メモ』2015.11.3

〈8 思い出したくない過去をフラッシュバックする〉
ニーチェ『ツァラトゥストラはこう語った』氷上英廣訳 岩波文庫
ニーチェ『悲劇の誕生』秋山英夫訳 岩波文庫
ジル・ドゥルーズ『ニーチェ』湯浅博雄訳 ちくま学芸文庫
竹田青嗣『ニーチェ入門』ちくま新書
浅田彰・島田雅彦『天使が通る』新潮文庫
池田嘉郎・上野愼也・村上衛・森本一夫編『名著で読む世界史120』山川出版社

〈9 学歴や会社にコンプレックスがある〉
M.チクセントミハイ『フロー体験 喜びの現象学』今村浩明訳 世界思想社
M.チクセントミハイ『フロー体験入門 楽しみと創造の心理学』大森弘訳 世界思想社
M.チクセントミハイ『フロー体験とグッドビジネス 仕事と生きがい』大森弘訳 世界思想社
TED『ミハイ・チクセントミハイ:フローについて』2004.2
丸山真男『日本の思想』岩波新書
菊地成孔『「コンプレックス=劣等感」ではない 菊地成孔氏が解説する多形倒錯の世界』Logmi 2015.8.12
「嫌われる勇気」オフィシャルウェブサイト『アドラー流お悩み相談室』
三島由紀夫『「金閣寺」創作ノート』(新潮社「決定版 三島由紀夫全集〈6〉長編小説(6)」所収)
ショーペンハウアー『幸福について 人生論』橋本文夫訳 新潮文庫
B.ラッセル『ラッセル幸福論』安藤貞雄訳 岩波文庫
三島由紀夫『努力について』(ちくま文庫「三島由紀夫のエッセイ② 新恋愛講座」所収)

〈10 もっと人から認められたい。チヤホヤされたい〉
スラヴォイ・ジジェク『ラカンはこう読め!』鈴木晶訳 紀伊國屋書店
スラヴォイ・ジジェク『斜めから見る』鈴木晶訳 青土社
新宮一成『ラカンの精神分析』講談社現代新書
ベン・パー「アテンション――『注目』で人を動かす7つの新戦略」『なぜ僕らは「いいね!」を切望するのか?』cakes 2016.4.14
蓮實重彦×浅田彰 対談『「空白の時代」以後の二〇年』(中央公論新社「中央公論」2010年1月号)
浅田彰×福田和也 対談(扶桑社「SPA!」2014年2月11・18日合併号)
ブログ「les yeux clos」『「えらくなろう」という不滅の幼児願望』2014.2.10
ブログ「かくかくしかじか 日記…のようなもの」『幽霊的、エイリアン的、カント的』2009.6.17
佐藤康宏『もっと知りたい伊藤若冲 生涯と作品 改訂版(アートビギナーズ・コレクション)』東京美術
上野修『スピノザの世界 神あるいは自然』講談社現代新書
西研『「至高なもの」をめぐって』(竹田青嗣・西研著「完全解読へーゲル『精神現象学』」あとがき 講談社選書メチエ)2007.11
ピーター・ティール+ブレイク・マスターズ『ゼロ・トゥ・ワン 君はゼロから何を生み出せるか』関美和訳 NHK出版
橘玲『シリコンバレーの起業家たちの思想と価値観――イーロン・マスクやピーター・ティールの考え方 学校では学べない世界近現代史入門』文春オンライン 2017.8.27
Richard Feloni "Peter Thiel explains how an esoteric philosophy book shaped his worldview" BUSINESS INSIDER 2014.11.10
植島啓司『運は実力を超える』角川新書
池田嘉郎・上野愼也・村上衛・森本一夫編『名著で読む世界史120』山川出版社

〈11 ダイエットが続かない〉
J.S.ミル『功利主義論』伊原吉之助訳(中央公論社「世界の名著38」所収)
J.S.ミル『功利主義論集』川名雄一郎・山本圭一郎訳 京都大学学術出版会
J.S.ミル『自由論』塩尻公明・木村健康訳 岩波文庫
J.S.ミル『ミル自伝』朱牟田夏雄訳 岩波文庫
小寺聡編『もういちど読む山川倫理』山川出版社
永井均『倫理とは何か 猫のアインジヒトの挑戦』ちくま学芸文庫
藤永保『幼児教育を考える』岩波新書

〈12 常に漠然とした不安に襲われている〉
ホッブズ『リヴァイアサン』水田洋訳 岩波文庫
ロラン・バルト『テクストの快楽』沢崎浩平訳 みすず書房
飯野和夫『ホッブズ、ルソーの社会思想にみる恐怖 恐怖をめぐる思想史のための一視座』名古屋大学大学院国際言語文化研究科 言語文化研究叢書6 2007.3.31
國分功一郎『近代政治哲学――自然・主権・行政』ちくま新書
アンドリュー・S・グローブ『インテル戦略転換 Only the Paranoid Survive』佐々木かをり訳 七賢出版
永井均『倫理とは何か 猫のアインジヒトの挑戦』ちくま学芸文庫
池田嘉郎・上野愼也・村上衛・森本一夫編『名著で読む世界史120』山川出版社
ブログ「永井俊哉ドットコム」『ルソーのノスタルジーは正しいのか』1999.12.4
エピクロス『エピクロス――教説と手紙――』出隆・岩崎允胤訳 岩波文庫
洪自誠『菜根譚』今井宇三郎訳 岩波文庫
ブログ「健康食品・サプリメントの素」『大麦若葉』

〈13 人の目が気になる〉
ミシェル・フーコー『監獄の誕生――監視と処罰――』田村俶訳 新潮社
ミシェル・フーコー『性の歴史Ⅰ 知への意志』渡辺守章訳 新潮社
ミシェル・フーコー『性の歴史Ⅱ 快楽の活用』田村俶訳 新潮社
ミシェル・フーコー『性の歴史Ⅲ 自己への配慮』田村俶訳 新潮社
ミシェル・フーコー「ミシェル・フーコー思考集成Ⅸ 1982-83 自己/統治性/快楽」蓮實重彦・渡辺守章監修 小林康夫・石田英敬・松浦寿輝編 筑摩書房
ミシェル・フーコー『同性愛と生存の美学』増田一夫訳 哲学書房
浅田彰・島田雅彦『天使が通る』新潮文庫
浅田彰『構造と力 記号論を超えて』勁草書房
中山元『フーコー入門』ちくま新書
桜井哲夫『現代思想の冒険者たち Select フーコー 知と権力』講談社
重田園江『ミシェル・フーコー――近代を裏から読む』ちくま新書
東浩紀、大澤真幸『自由を考える 9・11以降の現代思想』NHK出版
國分功一郎『中動態の世界 意志と責任の考古学』医学書院
岡本裕一朗『フランス現代思想史 構造主義からデリダ以後へ』中公新書
岡本裕一朗『いま世界の哲学者が考えていること』ダイヤモンド社
森博嗣『自由をつくる 自在に生きる』集英社新書

〈14　友人から下に見られている〉

アルフレッド・アドラー『人生の意味の心理学』岸見一郎訳　アルテ

岸見一郎・古賀史健『嫌われる勇気 自己啓発の源流「アドラー」の教え』ダイヤモンド社

「嫌われる勇気」オフィシャルウェブサイト『アドラー流お悩み相談室』

河合隼雄著・河合俊雄編『ユング心理学入門〈心理療法〉コレクション』岩波現代文庫

スティーブン・R・コヴィー『7つの習慣 成功には原則があった!』ジェームス・スキナー／川西 茂訳　キングベアー出版

ブログ「野田俊作の補正項」『基礎講座応用編（2）』2016.2.21、『翻訳が終わったら凧揚げをする』2017.2.11

ブログ「永井俊哉ドットコム」『ルソーのノスタルジーは正しいのか』1999.12.4

岸見一郎『NHKテレビテキスト 100分de名著2016年10月「人生の意味の心理学」』NHK出版

ブログ「アドラー心理学による勇気づけ一筋30年『勇気の伝道師』ヒューマン・ギルド岩井俊憲の公式ブログ」『アドラー心理学ブームについて（16）：課題の分離を巡って（2）』2014.4.18

ドン・ディンクメイヤー、ルドルフ・ドライカース『子どもにやる気を起こさせる方法 アドラー学派の実践的教育メソッド』柳平 彬訳　創元社

岡本太郎『自分の中に毒を持て あなたは〝常識人間〟を捨てられるか』青春文庫

〈15　上司とうまくいっていない〉

スピノザ『エチカ 倫理学』畠中尚志訳　岩波文庫

スピノザ『神学・政治論』吉田量彦訳　光文社古典新訳文庫

G・ドゥルーズ『スピノザ 実践の哲学』鈴木雅大訳　平凡社ライブラリー

アントニオ・R・ダマシオ『感じる脳 情動と感情の脳科学 よみがえるスピノザ』田中三彦訳　ダイヤモンド社

上野 修『スピノザの世界 神あるいは自然』講談社現代新書

上野 修『哲学者たちのワンダーランド 様相の十七世紀』講談社

山本貴光＋吉川浩満『脳がわかれば心がわかるか 脳科学リテラシー養成講座』太田出版

清水礼子『破門の哲学 スピノザの生涯と思想』みすず書房

佐々木能章『ライプニッツ術 モナドは世界を編集する』工作舎

マキアヴェッリ『君主論』河島英昭訳　岩波文庫

鈴木博毅『戦略の教室』ダイヤモンド社

〈16　家族が憎い〉

ハナ・アーレント『全体主義の起原 1 反ユダヤ主義』大久保和郎訳　みすず書房

ハナ・アーレント『全体主義の起原 2 帝国主義』大島通義・大島かおり訳　みすず書房

ハナ・アーレント『全体主義の起原 3 全体主義』大久保和郎・大島かおり訳　みすず書房

ハンナ・アレント『人間の条件』志水速雄訳　ちくま学芸文庫

ハンナ・アーレント『活動的生』森 一郎訳　みすず書房

ハンナ・アーレント『エルサレムのアイヒマン 悪の陳腐さについての報告』大久保和郎訳　みすず書房

『赦しと約束──アーレントの〈活動〉をめぐって』（「哲学」1998年4月号）をはじめとする高橋哲哉氏の「赦し」の議論

岡里勇希『過去問から見る倫理II』

『家族同士の殺し合いが増加 昨年の殺人事件は親族間が53．5%』（特に精神科医・影山任佐氏の見解）「SAPIO」2015年1月号

映画『ハンナ・アーレント』（マルガレーテ・フォン・トロッタ監督）

矢野久美子『ハンナ・アーレント「戦争の世紀」を生きた政治哲学者』中公新書

NHK「視点・論点」矢野久美子『ハンナ・アーレントと〝悪の凡庸さ〟』（2014.6.25 放送）

ブログ「英語教育の哲学的探究2」『人間の複数性について：アレント「活動的生」より』2016.6.2

岩田靖夫『ヨーロッパ思想入門』岩波ジュニア新書

東 浩紀『存在論的、郵便的 ジャック・デリダについて』新潮社

高橋源一郎「第4章　哲学から考える ヴォルテール『寛容論』」（NHK出版『別冊NHK100分de名著「平和について考えよう」』所収）

ヴォルテール『寛容論』中川 信訳　中公文庫

〈17　恋人や妻（夫）とけんかが絶えない〉

G．W．F．ヘーゲル『精神現象学』長谷川宏訳　作品社

G．W．F．ヘーゲル『精神現象学』樫山欽四郎訳　平凡社

G．W．F．ヘーゲル『歴史哲学講義』長谷川宏訳　岩波文庫

ヘーゲル『法の哲学』藤野 渉・赤沢正敏訳　中公クラシックス

アレクサンドル・コジェーヴ『ヘーゲル読解入門「精神現象学」を読む』上妻 精・今野雅方訳　国文社

岡本裕一朗『ヘーゲルと現代思想の臨界 ポストモダンのフクロウたち』ナカニシヤ出版

竹田青嗣＋西 研「超解読！ はじめてのヘーゲル『精神現象学』」（講談社現代新書）

三浦つとむ『弁証法はどういう科学か』講談社現代新書

ロマン・ロラン『ベートーヴェンの生涯』片山敏彦訳　岩波文庫

テオドール・W・アドルノ『ベートーヴェン 音楽の哲学《改訂版》』大久保健治訳　作品社

鳥山明『ドラゴンボール』集英社

高橋史彦『「発見！ 僕の私の電子書籍」【名作】少年漫画のフォーマットを変えた圧倒的人気作品「ドラゴンボール」』ニコニコ動画 2013.4.6

ヨースタイン・ゴルデル『ソフィーの世界 哲学者からの不思議な手紙』池田香代子訳　NHK出版

須田 朗著『もう少し知りたい人のための「ソフィーの世界」哲学ガイド』NHK出版

洪自誠著『菜根譚』今井宇三郎訳　岩波文庫

〈18　不倫がやめられない〉

カント『純粋理性批判』篠田英雄訳　岩波文庫

カント『純粋理性批判』中山 元訳　光文社古典新訳文庫

カント『道徳形而上学原論』篠田英雄訳　岩波文庫

カント『道徳形而上学の基礎づけ』中山 元訳　光文社古典新訳文庫

カント『実践理性批判』波多野精一、宮本和吉、篠田英雄訳　岩波文庫

カント『判断力批判』篠田英雄訳　岩波文庫

ドゥルーズ『カントの批判哲学』國分功一郎訳　ちくま学芸文庫

永井 均『倫理とは何か 猫のアインジヒトの挑戦』ちくま学芸文庫

小田部胤久『西洋美学史』東京大学出版会

石川文康『カント入門』ちくま新書

御子柴善之『自分で考える勇気 カント哲学入門』岩波ジュニア新書

亀山早苗編『人はなぜ不倫をするのか』SB新書

〈19　不倫がやめられない【別解】〉

金子大栄校注『歎異抄』岩波文庫

親鸞『教行信証』金子大栄校訂 岩波文庫

頼住光子『日本の仏教思想──原文で読む仏教入門──』北樹出版

釈 徹宗『NHKテレビテキスト 100分de名著2016年4月「歎異抄」』NHK出版

今村仁司『親鸞と学的精神』岩波書店

今村仁司『清沢満之の思想』人文書院

末木文美士『日本仏教史 思想史としてのアプローチ』新潮文庫

五木寛之『親鸞 青春篇（下）』講談社文庫

岩田靖夫『ヨーロッパ思想入門』岩波ジュニア新書

飲茶『史上最強の哲学入門 東洋の哲人たち』マガジン・マガジン

マハトマ・ガンジー『ガンジー自伝』蝋山芳郎訳　中公文庫 BIBLIO 20世紀

近藤光博『ガンディーの禁欲（1）彼にとってのブラフマチャリアの必要性』東京大学宗教学年報12　1995.3.30

中島岳志『NHKテレビテキスト 100分de名著2017年2月「獄中か

らの手紙」』ＮＨＫ出版
ダニエル・カーネマン『ダニエル・カーネマン 心理と経済を語る』友野典男監訳 山内あゆ子訳 楽工社

〈20 大切な人を失った〉
ジークムント・フロイト『喪とメランコリー』中山 元訳（光文社古典新訳文庫「人はなぜ戦争をするのか」所収）
ジークムント・フロイト『快楽原則の彼岸』中山 元訳（ちくま学芸文庫「自我論集」所収）
エリザベス・キューブラー・ロス、デーヴィッド・ケスラー『永遠の別れ 悲しみを癒す智恵の書』上野圭一訳 日本教文社
エリザベス・キューブラー・ロス『死ぬ瞬間 死とその過程について』鈴木 晶訳 中公文庫
堀江宗正『歴史のなかの宗教心理学 その思想形成と布置』岩波書店
ブログ「Keyword Project + Psychology：心理学事典のブログ」『ジークムント・フロイトのモーニングワーク（喪の仕事）と躁的防衛』2015.4.23
ブログ「Lady Satin's English Project」『訳詞の世界 ～Tears in Heaven – Eric Clapton（和訳）』2013.11.17
ジャレド・ダイヤモンドほか著 吉成真由美インタビュー・編『知の逆転』ＮＨＫ出版新書
ブッダ『ブッダの真理のことば・感興のことば』中村元訳 岩波文庫
ブログ「旧 心の栄養 身体の食べ物」『愛別離苦 パターチャーラーの逸話』2009.6.28
ブログ「トーキング・マイノリティ」『子を亡くした母』2006.8.31
瀬戸内寂聴『釈迦と女とこの世の苦』日本放送出版協会
草薙龍瞬『反応しない練習』KADOKAWA
大江健三郎『人生の親戚』新潮文庫
村上春樹『ハナレイ・ベイ Hanalei Bay』（新潮社「めくらやなぎと眠る女」所収）
木村純二『折口信夫――いきどほる心』講談社学術文庫

〈21 人生が楽しくない、やりたいことがない、毎日が楽しくない〉
道元『典座教訓・赴粥飯法』中村璋八・石川力山・中村信幸全訳注 講談社学術文庫
『正法眼蔵』増谷文雄全訳注 講談社学術文庫
井筒俊彦『意識と本質 精神的東洋を索めて』岩波文庫
名越康文『どうせ死ぬのになぜ生きるのか』ＰＨＰ新書
頼住光子『日本の仏教思想――原文で読む仏教入門――』北樹出版
頼住光子『道元 自己・時間・世界はどのように成立するのか』ＮＨＫ出版
頼住光子『道元の思想 大乗仏教の真髄を読み解く』ＮＨＫ出版
頼住光子『道元に学ぶ生き方』中日新聞 2013.2.2

〈22 人生の大切な決断を決められない〉
ダニエル・カーネマン『ファスト&スロー あなたの意思はどのように決まるか？』村井章子訳 早川書房
ダニエル・カーネマン『ダニエル・カーネマン 心理と経済を語る』友野典男監訳 山内あゆ子訳 楽工社
マイケル・ルイス『かくて行動経済学は生まれり』渡会圭子訳 文藝春秋（原著 Michael Lewis "The Undoing Project：A Friendship that Changed the World" Penguin）
Daniel Kahneman and Amos Tversky "Prospect Theory：An Analysis of Decision under Risk" Econometrica 1979.3
AMOS TVERSKY and DANIEL KAHNEMAN "Advances in Prospect Theory：Cumulative Representation of Uncertainty" Journal of Risk and Uncertainty 1992
シーナ・アイエンガー『選択の科学』櫻井祐子訳 文藝春秋
依田高典『現代経済学（放送大学教材）』放送大学教育振興会
鈴木宏昭『教養としての認知科学』東京大学出版会
後藤順一郎「オヤジの幸福論」『人間が合理的な選択ができない』ダイヤモンド・オンライン 2013.4.3
清水勝彦『「理想論」は本当に良い「選択」につながらない シーナ・アイエンガー著「選択の科学」（4）』日経 Biz アカデミー 2014.5.27
長谷川寿一、長谷川眞理子『進化と人間行動』東京大学出版会
アトゥール・ガワンデ『死すべき定め 死にゆく人に何ができるか』原井宏明訳 みすず書房
植島啓司『偶然のチカラ』集英社新書
塩野七生『ローマ人の物語8 ユリウス・カエサル ルビコン以前（上）』新潮文庫
塩野七生『痛快！ローマ学』集英社インターナショナル
野口悠紀雄『世界史を創ったビジネスモデル』新潮選書
ナシーム・ニコラス・タレブ『ブラック・スワン 不確実性とリスクの本質』望月衛訳 ダイヤモンド社
ロバート・B・チャルディーニ『影響力の武器 なぜ、人は動かされるのか』社会行動研究会訳 誠信書房
ヒューム『人性論』土岐邦夫・小西嘉四郎訳 中公クラシックス
Jonah Lehrer『心の会計：人はなぜお金を非合理的に使うのか』高橋朋子・合原弘子訳 WIRED 2011.2.18
アレン琴子『浪費の原因は「心の会計」どうすればお金が貯まるのか』ZUU online 2016.12.18
ゲルト・ギーゲレンツァー『なぜ直感のほうが上手くいくのか？「無意識の知性」が決めている』小松淳子訳 インターシフト

〈23 夜、孤独を感じる〉
ショーペンハウアー『幸福について 人生論』橋本文夫訳 新潮文庫
ショーペンハウアー『意志と表象としての世界』西尾幹二訳 中公クラシックス
フリードリッヒ・ニーチェ『ニーチェ全集 別巻1 ニーチェ書簡集1』塚越敏訳 ちくま学芸文庫
ブログ「ＮＡＭＳ出版プロジェクト」『ニーチェ：メモ』2012.1.17
※「ひとりじゃないから、ひとりでいられる。」はＩＢＭのパソコン『Think Pad』のかつてのキャッチコピーです。

〈24 死ぬのが怖い〉
プラトン『ソクラテスの弁明・クリトン』久保 勉訳 岩波文庫
プラトン『ソクラテスの弁明・クリトン』三嶋輝夫・田中享英訳 講談社学術文庫
プラトン『パイドン 魂の不死について』岩田靖夫訳 岩波文庫
プラトン『ゴルギアス』加来彰俊訳 岩波文庫
プラトン『プロタゴラス ソフィストたち』藤沢令夫訳 岩波文庫
プラトン『饗宴』久保勉訳 岩波文庫
プラトン『国家』藤沢令夫訳 岩波文庫
プラトン『パイドロス』藤沢令夫訳 岩波文庫
藤沢令夫『プラトンの哲学』岩波新書
岩田靖夫『ヨーロッパ思想入門』岩波ジュニア新書
木田 元『反哲学史』講談社学術文庫
ディオゲネス・ラエルティオス『ギリシア哲学者列伝』加来彰俊訳 岩波文庫
ブログ『樽を知る？ディオゲネス』2008.1.12
柄谷行人『ミシェル・フーコー講義集成13 真理の勇気』朝日新聞書評 2012.6.3
エピクロス『エピクロス――教説と手紙――』出 隆・岩崎允胤訳 岩波文庫
『荘子 第三冊［外篇・雑篇］』金谷 治訳注 岩波文庫
スティーヴン・グリーンブラット『一四一七年、その一冊がすべてを変えた』河野純治訳 柏書房

〈25 人生がつらい〉
マルティン・ハイデッガー『存在と時間』細谷貞雄訳 ちくま学芸文庫
マルティン・ハイデガー『存在と時間』高田珠樹訳 作品社
ハイデガー『存在と時間』中山 元訳 光文社古典新訳文庫
竹田青嗣『ハイデガー入門』講談社選書メチエ
河合隼雄著 河合俊雄編『ユング心理学入門〈心理療法〉コレクションⅠ』岩波現代文庫

河合隼雄『こころの処方箋』新潮文庫
石川淳『普賢・佳人』講談社文芸文庫
TED『J・D・シュラム：自殺未遂者の沈黙を破る』2011.3
ブログ「英文翻訳のページ」『自殺衝動』by Scott Anderson：The New York Times Magazine 2008.7.6
TED『ローラ・カーステンセン：年をとるほど幸せになる』2011.9
岩田靖夫『ヨーロッパ思想入門』岩波ジュニア新書
東浩紀『存在論的、郵便的 ジャック・デリダについて』新潮社

〈26 **重い病気にかかっている**〉
ウィトゲンシュタイン『論理哲学論考』野矢茂樹訳 岩波文庫
ウィトゲンシュタイン『ウィトゲンシュタイン全集 第1巻 論理哲学論考 草稿 1914-1916 論理形式について』奥雅博訳 大修館書店
野矢茂樹『ウィトゲンシュタイン「論理哲学論考」を読む』ちくま学芸文庫
鬼界彰夫『ウィトゲンシュタインはこう考えた 哲学的思考の全軌跡 1912-1951』講談社現代新書
永井均『ウィトゲンシュタイン入門』ちくま新書
アウグスティヌス『告白』中公文庫 山田晶訳
角川書店編集『ビギナーズ・クラシックス 源氏物語』角川ソフィア文庫
NAVERまとめ『【世界の果ての風景】デレク・ジャーマンの庭【derek jarman's garden】』2014.4.20
バーナード・レイトナー『ウィトゲンシュタインの建築 新版』磯崎新訳 青土社

〈**おわりに**〉
夏目漱石『吾輩は猫である』『行人』新潮文庫
ダミアン・フラナガン『日本人が知らない夏目漱石』世界思想社
杉田弘子『漱石の「猫」とニーチェ 稀代の哲学者に震撼した近代日本の知性たち』白水社
齋藤孝『働く気持ちに火をつける ミッション、パッション、ハイテンション！』文藝春秋
佐々木閑『ＮＨＫテレビテキスト １００分de名著２０１５年４月「ブッダ 最期のことば」』ＮＨＫ出版
魚川祐司『仏教思想のゼロポイント「悟り」とは何か』新潮社
石井清純監修 角田泰隆編『禅と林檎 スティーブ・ジョブズという生き方』宮帯出版社
鈴木俊隆『禅マインド ビギナーズ・マインド』松永太郎訳 サンガ
鈴木大拙『禅と日本文化』北川桃雄訳 岩波新書
鈴木大拙『日本的霊性』岩波文庫

小林昌平《こばやししょうへい》

1976年生まれ。慶応義塾大学法学部卒業。専攻は哲学・美学。著書『ウケる技術』（共著、新潮文庫）は20万部のロングセラーとなり、東京大学i.schoolでのワークショップの教材となるなど、その後のビジネス書に大きな影響を与えた。大手企業に主任研究員として勤務する傍ら、学会招待講演、慶応義塾大学ゼミ講師も務める。テーマは人文科学の知見をビジネスに活用する“Humanities on Industry(HoI)”。

その悩み、哲学者がすでに答えを出しています

2018年5月 2 日　第1刷発行
2025年5月12日　第9刷発行

著　者　小林昌平

ブックデザイン　吉岡秀典（セプテンバーカウボーイ）
イラスト　aiko fukuda
編　集　大橋弘祐
監　修　古荘真敬
発行者　山本周嗣
発行所　株式会社文響社
ホームページ　http://bunkyosha.com
お問い合わせ　info@bunkyosha.com

印刷・製本　中央精版印刷株式会社

ISBNコード：978-4-86651-005-7　Printed in Japan
この本に関するご意見・ご感想をお寄せいただく場合は、
郵送またはメール（info@bunkyosha.com）にてお送りください。